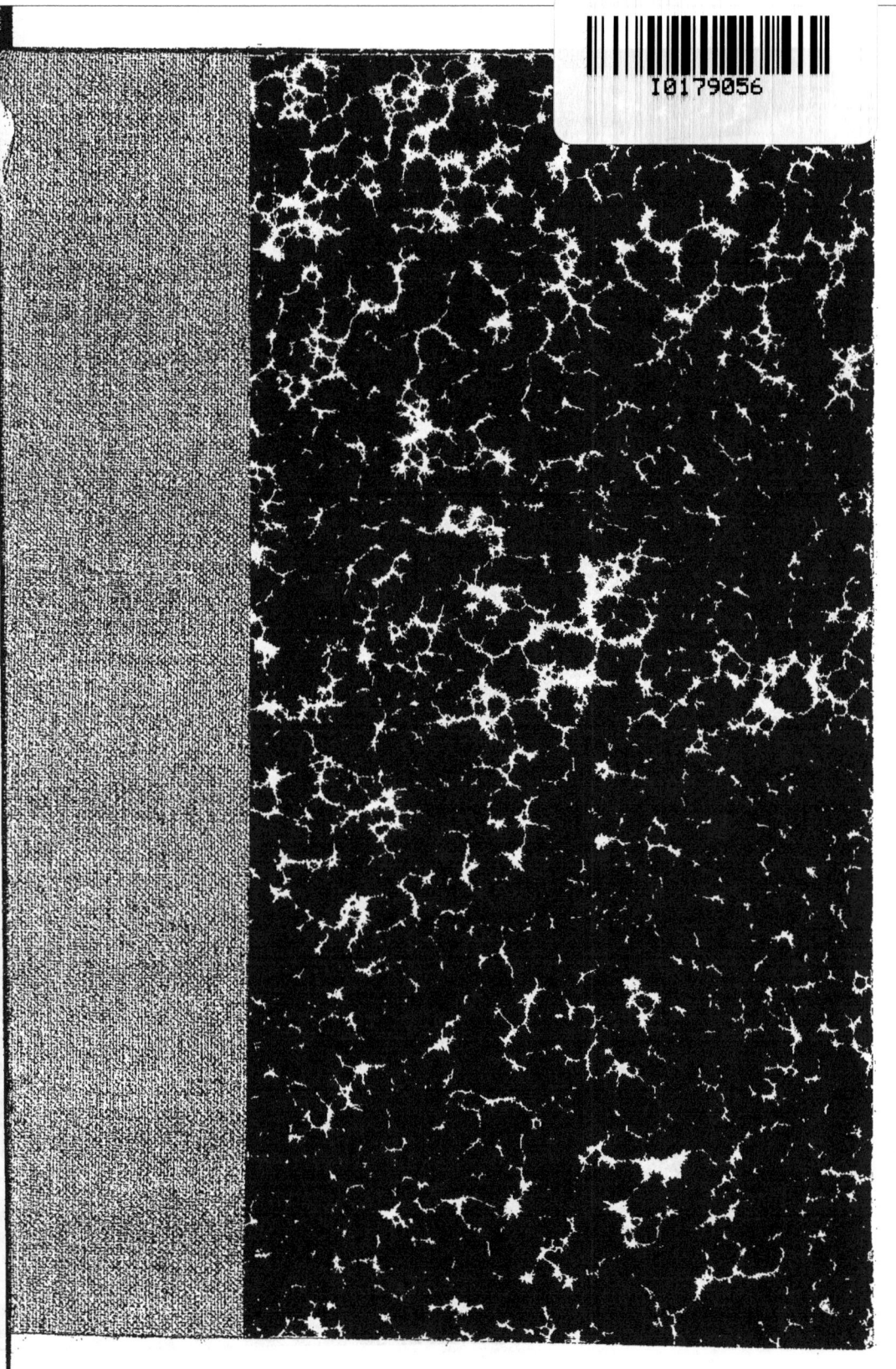

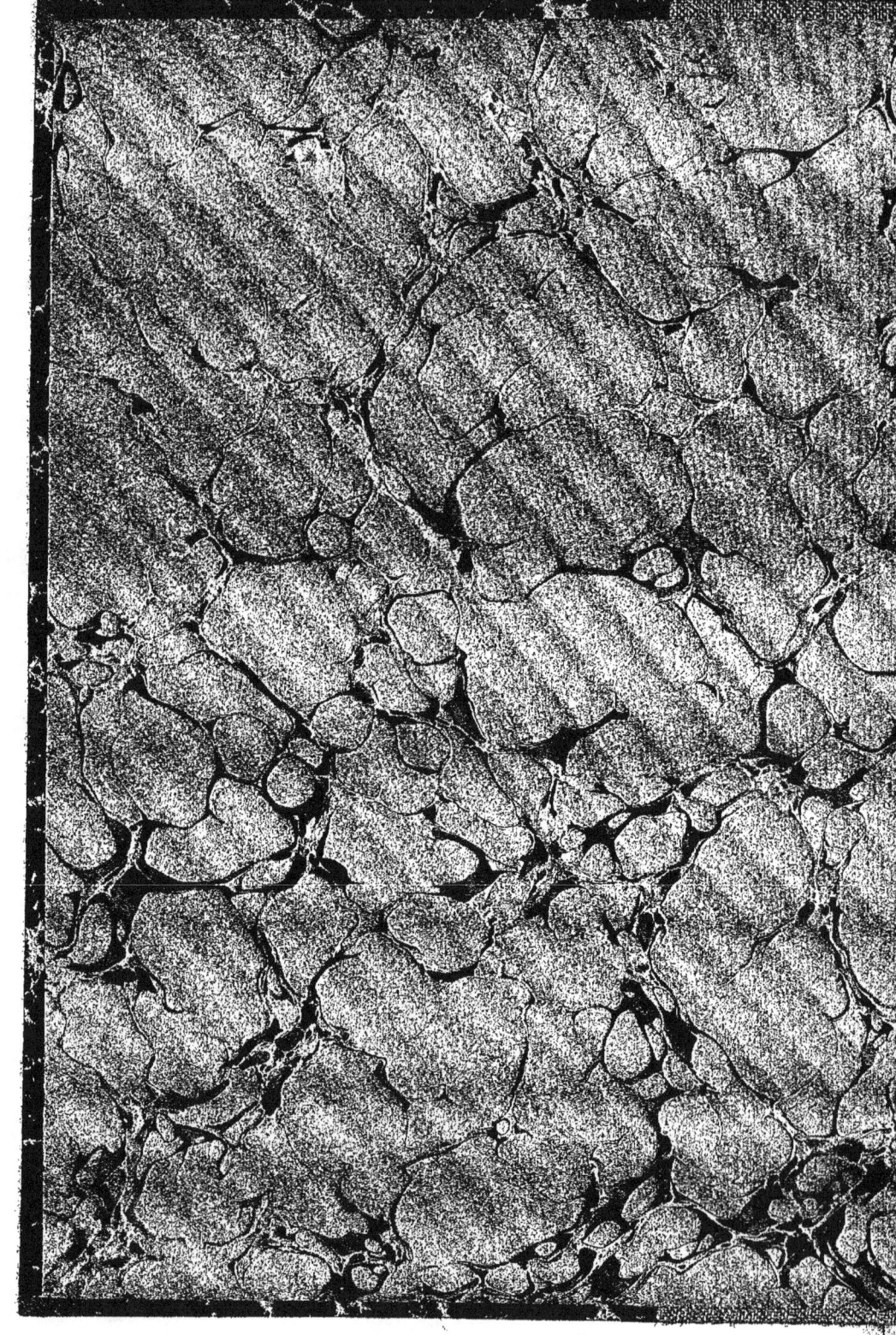

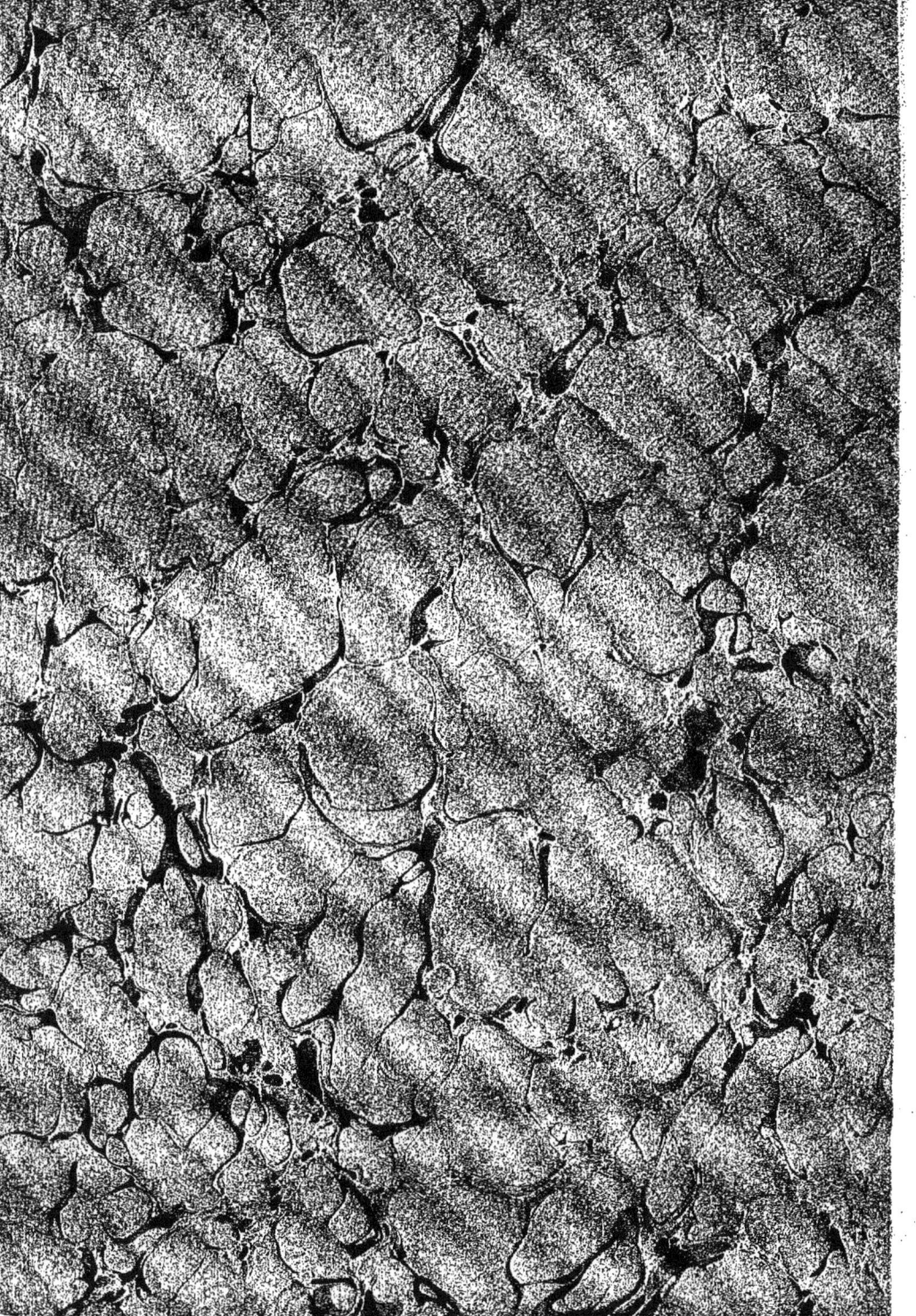

EXPOSITION INTERNATIONALE
DES INDUSTRIES ET DU TRAVAIL
DE TURIN 1911

GROUPE XVI

Classe 90 (A et B)
Produits de la Grande Culture

M. le D' BOUSQUET, Rapporteur

Classe 102 B
Corps gras : Huiles végétales et animales
Suifs, Cires, etc.

M. C. ARTUS, Rapporteur

Classe 86
Météorologie, Géognosie et Géologie agricoles

M. le D' THOUVENIN, Rapporteur

Comité Français des Expositions à l'Étranger
42, Rue du Louvre, 42

L. DECLUME, Imprimeur, LONS-LE-SAUNIER

EXPOSITION INTERNATIONALE
DES INDUSTRIES ET DU TRAVAIL
DE TURIN 1911

GROUPE XVI

CLASSE 90 (A et B)

Produits de la Grande Culture

M. le Dr BOUSQUET, Rapporteur

INTRODUCTION.

L'Exposition de Turin, projetée dès 1907, dans le but de fêter le Cinquantenaire de la constitution du Royaume d'Italie, était plus spécialement consacrée aux Industries et au Travail, pendant que se tenait à Rome une Exposition réservée aux Beaux-Arts et à l'Archéologie.

Cette décentralisation commémorative s'alliait aux considérations historiques. Si Turin fut le berceau de la Maison de Savoie et l'origine du mouvement de rénovation italienne, Rome, devenue la capitale du Royaume, conserve de nombreux monuments de sa suprématie artistique de l'Antiquité et de la Renaissance.

Mais quoique Turin, capitale de la Lombardie, montre aux visiteurs de nombreux souvenirs historiques, tels la Porte Palatine, monument du siècle d'Auguste, le Palais Royal, le Palais Barolo, ancienne résidence des Marquis de Barolo, le Palais Chiablese, résidence des ducs de Savoie-Gênes, le Palais Carignano, où siégeait la Chambre des Députés Subalpine, le Palais Madama, siège de l'ancien Sénat Subalpin, le Mole Antoniellana, ce curieux monument érigé en souvenir du Risorgimento, et, aux environs, les résidences royales de Moncalieri, de Stupinigi, de Racconigi, la sépulture royale de la Superga, elle n'en est pas moins devenue une ville moderne par l'importance de son commerce et de son industrie, formant avec Milan et Gênes le centre de la région la plus active de l'Italie moderne.

En ce qui concerne la participation française, c'est au Comité français des Expositions à l'étranger que, comme pour toutes ces manifestations internationales, revint la mission de l'organiser. Après les études préparatoires, elle en fut chargée par décret, en même temps qu'étaient nommés Commissaire Général, M. DEUVILLÉ, Président du Conseil d'Administration de la Compagnie des chemins de fer de Paris à Lyon et à la Méditerranée, et Commissaire général adjoint M. PHALON, Consul de France à Turin (février-mars 1910); enfin, le Comité français désignait son Vice-Président, M. BELLAN, comme Président de la Section française (mars 1910).

Par divers arrêtés du Ministre du Commerce, le Commissariat général fut ainsi organisé :

Commissaire général	M. Stéphane DERVILLÉ.
Commissaire général adjoint...	M. Eugène PRALON.
Secrétaire général...........	M. Auguste MASURE.
Inspecteur général...........	M. Eugène HATTON.
Architecte-conseil............	M. Louis BONNIER.
Chef du contentieux..........	M. Georges GOY.
Attachés...	MM. Robert DELAUNAY - BELLEVILLE, Henri DE DOUVRES, Philippe RICHEMOND.
Rapporteurs généraux........	MM. Emile BERR, C. ROGER-SANDOZ.
Rapporteur général adjoint.. .	M. DREYFUS-BING.

Dès le mois de mai, le Bureau de la Section française était constitué de la manière suivante :

Président....................	M. Léopold BELLAN.
Vice-présidents..............	MM. LOURTIES, VIGER, SAINT-GERMAIN, MÉRILLON, DONCKÈLE, ESTRINE, GUILLAIN, HETZEL, ISAAC, JEANSELME, KESTER, LOREAU, MAGNIN, MASCURAUD, Gaston MÉNIER, Jules NICLAUSSE.
Secrétaire général............	M. DE PELLERIN DE LATOUCHE.
Secrétaires généraux adjoints..	MM. TANON, VINANT.
Trésorier....................	M. Achille BRACH.
Trésorier adjoint.............	M. Jean GUIFFREY.
Secrétaires	MM. Léopol APPERT, Roger BOUVARD, BRUNEL, CARRÉ, DEBANGE, GODARD-DESMAREST, LESEUR, MANANT, MASCRÉ, PIREL, baron THÉNARD, VASLIN.
Délégué du Comité...........	M. Emile CÈRE.
Architecte en chef............	M. Joseph DE MONTARNAL.

A la fin de 1910, les Comités d'admission et d'installation étaient formés et entraient en fonctions ; en voici la composition, pour les classes qui nous intéressent :

Groupe XVI. — Agriculture. Machines agricoles.

Président....................	M. VIGER, sénateur.
Vice-Président...............	M. DISLEAU, député.
	M. TRUFFAUT.
	M. VERMOREL, Victor, sénateur.
Secrétaires..................	M. CHATENAY, Abel.
	M. VACHER, Marcel, ancien député.

Produits agricoles alimentaires d'origine végétale.

Président d'honneur............	M. Louis-Dreyfus, Léopold.
Président....................	M. Hirsch, Alfred.
Vice-Présidents................	M. Chapelle.
	M. Vilmorin, Philippe-Lévêque de.
Secrétaire-Trésorier..........	M. Launay, M.
Membres......................	MM. Borel, Victor, député ; Debenedetti, M. ; Fournier, Pierre ; Lambert, M. ; Mayrargue, Félix ; Ricois, Auguste ; Riva, Gaspard ; Scavino, D. ; Valéri, Jules.

Produits agricoles non alimentaires.

Président....................	M. Dabat.
Vice-Président................	M. Couturieux, Ch.
Secrétaire...................	M. Racagel, Paul.
Trésorier....................	M. Grellou.
Membres......................	MM. Artus, Constant ; Bernauer ; Besson, Edmond ; Beytout ; Boucard, (docteur Pierre), Boulanger ; Bousquet, (docteur Fernand) ; Bouvy, Ferdinand ; Byla jeune, Pierre ; Charnelet, Cisterne, Derbecq ; Emden ; Estrabaut, (docteur) ; Fambland, Auguste ; Fillot, Henry ; Flach ; Guillon ; Josset, Louis ; Kœnly, Joseph ; Kreiss, Adolphe ; Lachèze ; Lanzy ; Latour ; Mangin ; Midy, André ; Midy, Marcel ; Naquet, Gustave ; Perrot, Emile ; Plisson, Alfred ; Raynaud, Arthur ; Thiercelin ; Thouvenin (docteur) ; Tramu, Alfred ; Trouette, E. Trouette, J. ; Weill, Léopold.

C'est le 29 avril 1911 qu'eut lieu l'inauguration de l'Exposition, par le Roi et la Reine d'Italie, et le 21 mai celle de la Section Française, sous la présidence de M. Massé, ministre du commerce.

L'emplacement réservé à la Section Française était de plus de 50.000 mètres, dont 2.400 mètres environ pour l'Agriculture, qui nous intéresse plus spécialement ici.

Comme les expositions antérieures organisées à Turin (1884 et 1902), celle-ci avait pour siège le parc Valentino, la belle promenade des Turinois, comme, à Bruxelles, on avait choisi le voisinage du Bois de la Cambre pour faire celle de 1910 ; mais, au contraire de celle-ci, dressée dans un espace découvert et dépourvu d'eau, c'était sur les belles rives du Pô, sur une longueur de 1.500 mètres, qu'elle avait été édifiée, et les palais blancs se détachaient, soit sur la verdure du Parc, situé sur la rive gauche, soit sur les hauteurs boisées qui prennent naissance à courte distance de la rive droite. Ainsi, comme en 1900 à Paris, la plus forte partie de l'Exposition se reflétait dans les eaux d'un beau fleuve.

La section française était, peut-être, un peu trop disséminée ; outre un grand palais, couvrant, sur la rive droite du Pô, 1.700 mètres carrés et contigu au grand Château d'Eau qui, formant le fond du pont monumental jeté sur le fleuve, faisait corps avec le Bois de la Colline, elle comprenait vis-à-vis, sur la rive gauche, un grand nombre de Pavillons disséminés, mais groupés à l'entrée du pont, parmi lesquels le Pavillon de la Ville de Paris, dont l'arrangement de haut goût et les riches collections ont été l'objet de l'admiration unanime, les Pavillons d'Algérie et de Tunisie, des Arts décoratifs, etc.

Au contraire, la Métallurgie, le Matériel des chemins de fer étaient reculés jusqu'à l'extrémité du Parc, tandis que les Automobiles, l'Aviation, les Travaux publics, l'Economie sociale leur faisaient vis-à-vis sur l'autre rive, au Pilonetto.

C'est au Pilonetto qu'étaient installées l'Agriculture et l'Horticulture françaises ; celle-ci cependant occupait aussi des emplacements autour des pavillons de la Section française sis à l'entrée du pont monumental.

Quant aux nations étrangères, à part l'Italie, qui voisinait avec la France, leurs expositions agricoles étaient la plupart du temps réunies dans leurs palais respectifs. Il faut accorder à ce sujet une mention particulière aux Républiques de l'Amérique Latine, qui avaient fait, à Turin, un gros effort pour montrer les ressources dont elles disposent ; les Etats-Unis du Brésil, en particulier, avaient édifié un palais imposant, où tout concourait à donner une impression de prospérité et de richesses sans fin à exploiter dans le domaine agricole et dans celui de la minéralogie. La République Argentine, et les autres nations Hispano-américaines, Uruguay, Equateur, Pérou, République Dominicaine, Vénézuela, qui avaient édifié un palais commun, n'étaient d'ailleurs pas restées en arrière. Il était en effet intéressant pour tous ces pays neufs, trop peu peuplés pour la mise en valeur de leurs richesses naturelles et de leur territoire, de frapper l'esprit d'une nation à grosse émigration comme l'Italie, dont, on le sait, bon nombre d'habitants ont déjà planté leur tente en territoire argentin.

Les classes auxquelles est consacré ce rapport, dont on trouvera plus loin la nomenclature détaillée, occupaient au Pilonetto un espace un peu réduit, l'ouverture de portes supplémentaires après l'adoption

des plans ayant nécessité des remaniements. C'était un hall largement vitré latéralement, dont les panneaux pleins étaient décorés de frises à ornements végétaux stylisés ; les vitrines, d'un aspect harmonieux, peintes d'un ton gris clair, sur lequel se détachaient des applications de moulures treillagées d'une tonalité plus foncée appliquées sur les panneaux, faisaient honneur au goût de notre nation, comme on pourra en juger par les excellentes vues ci-jointes.

Nous n'oserions dire que les visiteurs affluaient dans ce coin reculé; nos classes agricoles ne sont pas de celles qui les attirent beaucoup et, à Turin, leur éloignement du centre des attractions, leur situation, dont un été particulièrement chaud accentuait l'accès pénible, n'était pas pour changer la tradition. Elles présentaient néanmoins leur intérêt accoutumé pour ceux qui étaient de la partie et le gros public pouvait aussi y trouver un enseignement.

Dans les premiers jours de Septembre, paraissaient les nominations des Jurys de Classes de la Section Française ; voici la liste de ceux de la Classe 90 (Produits de la Grande Culture) :

Titulaires .... MM. COUTURIEUX, Charles, à Paris.
DABAT, à Paris.
MIDY, Marcel, à Paris.
RICOIS, Pierre-Auguste, à Bonneval (E.-et-L.).
De VILMORIN, à Paris.
Suppléants ...... MM. EMDEN, à Paris.
GRELLOU, A.-E., à Paris.

Ajoutons que deux membres du Comité d'Installation de la Classe, MM. FAMELART et BOUSQUET, furent désignés par le Commissariat général des Etats-Unis du Brésil, sur la proposition du Commissaire général français, comme jurés pour cette nation.

Le Commissaire général italien, pour faciliter la besogne des jurés, leur distribua différents opuscules relatifs aux règlements, programmes, classification, lieux de réunion pour les différentes classes, auxquels étaient jointes trois brochures illustrées publiées tant par le Touring Club Italiano que par l'Association « Pro Torino », brochures remarquablement éditées, grâce auxquelles il était loisible à chacun de tirer profit du séjour à Turin.

L'Installation du Jury fut faite le 5 septembre, sous la Présidence de M. NITTI, Ministre de l'Agriculture et du Commerce d'Italie, et les travaux commencèrent immédiatement. Le 6 septembre, avait lieu le banquet offert par les exposants français, et, le 22 septembre, le Jury de Groupe se réunissait, ainsi composé, pour la France :

Vice-Président....... M. MAROT, Émile, à Niort.
Membres .... MM. LAURENT-OPIN, à Laon ; VACHEROT, Jules, à Billancourt ; SIMONETON, C., à Paris ; VERMOREL, Sénateur, à Villefranche-sur-Rhône ; JUILLIET SAINT-LAGER, à Paris ; VALÉRI, à Marseille ; BARBON, à Paris.

Enfin, le 2 octobre, se réunissait le Jury Supérieur International, dont la composition était la suivante :

Président d'Honneur :

M. NITTI, Ministre de l'Agriculture, de l'Industrie et du Commerce d'Italie.

Président général :

M. FROLA, Sénateur, Président du Comité général Italien de l'Exposition de Turin.

Vice-Présidents :
MM.

Albert VIGER, Sénateur, ancien Ministre de la République française ;
Le Dr RICHTER, Sous-Secrétaire d'État au Ministère de l'Intérieur de l'Empire d'Allemagne.
A. PEREY-BENNETT, Délégué commercial de la Grande-Bretagne.

Secrétaire général :

M. MONTU, Député au Parlement italien.

Membres :

Allemagne.
MM.
Le Docteur BERLINER.
Wilhelm SCHMIDT.

Argentine.
MM.
Le Professeur GIROLA.
Dr CARLOS.
Enrique M. NELSON.

Belgique.
MM.
Gustave FRANCOTTE, Député, ancien Ministre.
DUBOIS, Directeur général du travail.

Brésil.
MM.
Rodrigues MARTINS, Consul général.
FIGUEIRA DE MELLE.

Chine.
Comm. Vico MANTEGAZZA.

Equateur.
Comm. Sebastiano LISSONE.

Etats-Unis.
MM.
James SMITH, Consul général.
Albert MICHELSON, Consul.

France.
MM.
Georges TROUILLOT, Sénateur, ancien Ministre.
Ferdinand DREYFUS, Sénateur.
Léopold BELLAN, Président de la Section française.
Dr PELLERIN DE LATOUCHE, Secrétaire général de la Section française.

Grande-Bretagne.
MM.
William KEENE, Consul général.
J.-H. TOWSEY, Consul.

Hongrie.
MM.
Nicolas DE ZSOLNAY, Président du Comité central Hongrois.
Le Professeur Alfred KROLOPP, Commissaire général adjoint.

Italie.
MM.
Le Professeur Paolo BOSELLI.
Le Professeur Luigi RAVA, Député.
Le Dr Edoardo PANTANO, Député.

Japon.
M. le Dr Sakio TSURGUNI.

Pérou.
Comm. Sebastiano LISSONA.

Perse.
Comm. Vico MANTEGAZZA.

Russie.
Comm. Giovanni GORRINI, Consul Impérial.

Serbie.
M. Milutin SAVITCH.

Siam.
Comm. Vico MANTEGAZZA.

Suisse.
MM.
Alfred FREY, Député.
Gustave ADOR, Député.

Turquie.
M. Aly-Riza BEY, Commissaire général Ottoman.

Uruguay.
Comm. Sebastiano LISSONE.

Venezuela.
Comm. M. José PENSO, Consul général.

C'est le 19 octobre qu'eut lieu la cérémonie solennelle de la remise des palmarès aux commissaires généraux étrangers, sous la Présidence de S. A. R. le Duc d'Aoste, et le 19 novembre, l'Exposition fermait définitivement ses portes, sur un grand succès pour la Section Française, puisque, sur 6375 exposants, parmi lesquels 432 hors concours, 5821 récompenses lui étaient attribuées, dont 1521 grands-prix, 13 rappels de grands-prix, 600 diplômes d'honneur, 839 médailles d'or, 563 médailles d'argent, 208 médailles de bronze, 66 mentions honorables, et 2011 récompenses en collectivité.

On jugera de l'importance des relations commerciales de la France et de l'Italie par les chiffres réunis dans le tableau suivant, donnant la valeur des échanges de 10 en 10 années durant les cinquante dernières années :

Années	Importations d'Italie en France (en francs) (Statistiques françaises)	Exportations de France en Italie (en francs) (Statistiques Italiennes)
1861	180.300.000	228.038.000
1871	441.846.000	198.909.000
1881	433.915.000	329.242.000
1891	123.595.000	144.329.000
1901	140.050.000	178.875.000
1905	153.918.000	203.797.000
1910	187.332.000	328.938.000

On voit que, après une diminution due à la rupture des relations douanières entre les deux pays, les échanges entre eux ont une tendance à se relever, tout en étant loin d'approcher des chiffres qu'ils avaient atteints ; actuellement, la France occupe sur le marché italien le quatrième rang et sa part dans le commerce de l'Italie est de 10 %.

Les principales matières vendues à la France par l'Italie sont :

	En 1885	En 1910
Soies et bourre de soie	74.100.000 fr.	46.000.000 fr.
Huile d'olive	14.500.000	4.000.000
Œufs, fromage et beurre	10.500.000	11.000.000
Fruits de table	9.500.000	4.000.000
Peaux et pelleteries brutes	7.700.000	12.000.000

A son tour, la France vend surtout à l'Italie les articles suivants :

	En 1885	En 1910
Laine :		
Peignée non teinte	800.000 fr.	34.800.000 fr.
Lavée et déchets	4.800.000	
Soie :		
Grège, brute simple	21.100.000	31.600.000
Graines de vers à soie et cocons	8.100.000	7.700.000
Tissus et articles de soie	30.200.000	19.800.000
Tissus simples, de laine peignée	12.700.000	11.900.000
Peaux préparées et ouvrages en peaux	6.500.000	9.700.000

La classification italienne, suivie à l'Exposition de Turin, ne correspond pas tout à fait à la classification de 1900 ; sous la dénomination de *Produits de la grande culture*, on y trouve, à côté de la plupart des productions agricoles formant dans cette dernière la Classe 41, celles qui y sont comprises dans la Classe 49, soit les Produits agricoles alimentaires d'origine végétale. La Classe 90 ainsi constituée comprend donc les rubriques suivantes :

Spécimens et collections de plantes vivantes et desséchées et de graines de :

Céréales et légumineuses à semence (froment, épautre, orge, seigle, avoine, riz, sorgho, millet, panis, sarrasin, haricots, pois, pois chiches, lentilles, vesces, cicéroles, lupins, etc.). Graines sélectionnées et variétés nouvelles.

Plantes fourragères graminacées, légumineuses, crucifères, plantes fourragères sélectionnées, etc. — Spécimens de fourrages différemment préparés (foins, herbes à silos, etc.).
Plantes fourragères d'introduction récente.

Spécimens et collections de plantes industrielles (vivantes, désséchées et graines).

Plantes aptes à la fabrication du papier.
Plantes fibreuses (chanvre, lin, sparte, agave, genêt, etc).
Nouveaux procédés de rouissage et de première manipulation.
Coton, paille à chapeaux et à balais.
Plantes tinctoriales (carthame, pastel, garance).
Plantes oléifères (colza, arachide, ricin, tournesol).
Plantes aromatiques et officinales (anis, coriandre, menthe, moutarde, houblon, glaïeul, etc.),
Tabac.
Plantes sucrières (betteraves, canne à sucre, etc.).
Plantes à tubères (pommes de terre, topinambours, etc.).
Plantes industrielles d'introduction récente.

A cette liste, il convient d'ajouter certains produits de la Classe 102, formant la Classe 102 B : huiles et graisses d'origine animale, suifs, cires, etc., que le même Jury a été appelé à examiner.

Pour la plus grande clarté de notre travail, nous le diviserons en plusieurs chapitres, dans chacun desquels seront rapprochées les productions ayant quelque analogie ; dans une première partie, nous traiterons des Spécimens et collections de plantes vivantes et desséchées et de graines des Céréales et légumineuses à semences, et des Plantes fourragères, formant la Classe 90 A. Pour la Classe 90 B, nous ferons deux chapitres, un plus particulièrement consacré aux Plantes aromatiques et officinales, qui, par le nombre des exposants, formaient la majeure partie de la Section française, l'autre réunissant les plantes industrielles diverses.

Quant aux produits ressortissant à la Classe 102 B, ils feront l'objet d'un rapport particulier annexé à celui-ci et rédigé par M. C. Artus.

CHAPITRE PREMIER.

Produits agricoles alimentaires d'origine végétale.

La France doit à la variété de son climat et à la configuration de son sol d'être un pays où la production agricole est de première importance ; aussi toutes les grandes cultures y ont-elles un développement qui se perfectionne de jour en jour. En général, cependant, la production nationale en farineux alimentaires est loin de suffire à la consommation, et, si notre pays exporte de grosses quantités de produits alimentaires d'origine végétale, la balance n'est pas en notre faveur ; ajoutons que notre consommation, en ce qui concerne plus spécialement le blé, est importante ; aussi, les mauvaises années ont-elles une répercussion économique notable pour nous, et l'on a pu constater que la récolte de 1910, très déficitaire à beaucoup de points de vue, a causé en 1911 une différence d'un milliard environ dans la balance de notre commerce extérieur, dont à peu près deux tiers d'augmentation pour les importations, et un tiers de diminution pour les exportations, rien que pour les matières alimentaires.

Pour nous rendre compte de ce qu'elle est, nous devons donc envisager des années à peu près normales ; nous les trouverons, avec quelques variations, dans les années 1907, 1908, 1909, qui ont donné lieu aux échanges relatés dans les tableaux ci-joints : on y trouvera d'une année à l'autre, pour une même céréale, soit dans la provenance des importations, soit dans la destinée des exportations, des écarts assez sensibles ; l'explication en est dans la variabilité des conditions météorologiques, influant sur la récolte des nations respectives ; tel pays, exportateur une année, peut devenir importateur une autre année ou, si sa production normale est très supérieure à ses besoins, ne plus pouvoir exporter dans des proportions aussi grandes.

L'examen de ces chiffres nous montrera d'ailleurs que nos importations ne proviennent que pour une partie de l'étranger. Y sont en effet compris comme importateurs la zône franche, l'Algérie et la Tunisie.

Ces deux dernières sont devenues les greniers d'abondance de la France : elles nous ont fourni, dans ces trois années, les 6 à 9/10 du froment qui nous manquait (plus la farine importée), du 1/3 aux 4/5 de l'avoine, presque toute l'orge, le 1/3 des fèves, le 1/5 des pommes de terre.

Par contre, nous leur envoyons les 4/5 de notre exportation en froment, les 3/5 en farine du même, la presque totalité en gruaux, semoules, etc., la moitié en légumes secs, et le double de ce que nous en recevons en pommes de terre.

Pour le maïs et pour le riz, c'est notre colonie d'Indo-Chine qui joue le même rôle ; le 1/3 du maïs, les 3/5 du riz en paille et la presque totalité du riz entier ou en farine importés en France en proviennent ; nous lui fournissons en échange le 1/8 de notre exportatation en farine de froment.

1° IMPORTATIONS.

		QUANTITÉS EN Q.M.			VALEURS EN FRANCS		
		1909	1908	1907	1909	1908	1907
Froment, Épeautre et Méteil	Angleterre	1.733	2.297	—			
	Belgique	491	523	537			
	Russie	24.398	28.313	753.065			
	Allemagne	85	358	403			
	Roumanie	105	4.975	292.046			
	Bulgarie	—	6	22.057			
	Turquie	—	127	5.430			
	Indes anglaises	241	—	7.018			
	Australie	84	—	18.861			
	États-Unis	2.187	3.443	66.371			
	République Argentine	154	12.589	63.034			
	Algérie	1.134.889	553.514	2.069.425			
	Tunisie	178.840	23.616	161.074			
	Zone franche	76.174	112.491	95.142			
	Autres pays	9.099	6.833	18.079			
	Totaux	1.428.433	749.085	3.573.742	35.636.036	18.072.201	81.419.652
Avoine	Russie	943.443	52.530	412.059			
	Bulgarie	28.195	13.616	79.682			
	Pays-Bas	18.779	7.942	76.691			
	Roumanie	105.854	74.368	98.167			
	Espagne	—	—	63.705			
	Turquie	27.199	8.059	117.973			
	États-Unis	—	8.576	52.348			
	Algérie	518.912	651.456	651.674			
	Tunisie	446.933	265.591	441.360			
	République Argentine	443.281	18.076	92.315			
	Autres pays	129.366	40.184	193.888			
	Totaux	2.661.962	1.140.338	2.279.864	44.988.936	19.511.485	37.864.426
Orge	Russie	82.128	884	23.017			
	Roumanie	11.813	5.908	79.767			
	Turquie	—	1	55.193			
	Bulgarie	4.474	—	—			
	Autriche	2.284	—	—			
	Algérie	607.763	733.398	981.418			
	Tunisie	394.246	70.127	491.307			
	Autres pays	5.115	8.836	12.387			
	Totaux	1.107.823	819.154	1.643.289	19.375.631	14.362.087	27.102.623
Seigle		250	168	101.567	3.929	2.683	1.626.947
Maïs	Russie	385.131	227.094	492.652			
	Roumanie	517.061	600.509	1.558.360			
	Turquie	—	—	103.111			
	Bulgarie	34.986	29.372	219.642			
	États-Unis	58.796	134.000	432.318			
	République Argentine	930.880	677.306	1.202.806			
	Indo-Chine	937.164	751.106	233.214			
	Autres pays	31.459	24.139	34.468			
	Totaux	2.845.483	2.443.526	4.276.571	50.656.037	41.838.665	70.756.968

1° IMPORTATIONS (suite).

			QUANTITÉS EN Q. M.			VALEURS EN FRANCS		
			1905	1906	1907	1905	1906	1907
Sarrasin			84	142	2.494	1.550	2.545	45.516
Farines	Froment Épeautre et Méteil	Allemagne	9.841	10.363	1.773			
		Autriche	10.445	29.358	66.551			
		Algérie	16.071	27.717	74.975			
		Tunisie	5.815	—	30.634			
		Autres pays	1.496	5.307	1.426			
	Totaux		43.668	72.745	175.359	1.608.086	2.689.153	6.237.925
	Avoine		515	500	364	15.599	15.875	11.193
	Orge		120	155	293	3.588	4.604	8.570
	Seigle		1.779	1.584	5.779	41.362	39.331	147.875
	Maïs		2.524	2.277	3.224	63.963	56.583	77.376
Malt (orge germée)			15.459	14.581	16.957	502.418	452.011	508.710
Biscuits de mer et pain			38.200	40.832	45.113	1.451.600	1.469.952	1.578.955
Gruaux, semoules en gruau, Grains perlés et mondés			14.119	22.529	46.392	501.225	765.986	1.623.720
Semoules en pâtes et pâtes d'Italie			5.096	3.068	3.047	285.376	165.672	167.585
Riz	en paille	Espagne	18.425	47.017	16.710			
		Italie	45.395	86.078	91.452			
		Égypte	—	—	23.682			
		Indes angl.	51.302	138.098	68.506			
		— néerl.	49.180	29.670	35.990			
		Indo-Chine	344.840	244.397	131.375			
		Autres pays	52.205	1.043	2.572			
	Totaux		561.345	546.303	370.287	10.104.210	10.938.060	7.590.844
	Brisures de riz		577.797	467.940	363.447	10.053.668	9.031.242	6.905.493
	Riz entier, farines et semoules	Angleterre	34	84	280			
		Pays-Bas	42.101	43.446	53.769			
		Belgique	330	639	1.963			
		Italie	7.339	12.311	17.751			
		Indes angl.	—	—	223			
		Indo-Chine	1.544.658	1.153.092	902.223			
		Autres pays	1.906	826	1.149			
	Totaux		1.596.428	1.210.398	977.358	45.019.270	35.101.542	24.433.950
Fèves	en grains	Turquie	141.503	124.399	76.130			
		Algérie	41.192	59.257	76.772			
		Tunisie	63.623	16.202	61.557			
		Autres pays	135.003	77.115	121.627			
	Totaux		381.321	276.973	336.086	8.961.044	6.370.370	7.393.892
	en farines		8	1	1	93	31	30

1º IMPORTATIONS (fin).

		QUANTITÉS EN Q. M.			VALEURS EN FRANCS		
		1909	1908	1907	1909	1908	1907
Pois pointus...............		210.024	136.551	275.921	5.860.672	3.755.153	7.725.788
Autres légumes secs et leurs farines.	Angleterre............	11.287	13.869	15.002			
	Belgique..............	20.470	19.955	25.989			
	Pays-Bas..............	57.541	50.702	53.120			
	Allemagne.............	140.467	107.067	123.300			
	Autriche..............	171.443	125.551	122.829			
	Roumanie	116.198	119.803	142.791			
	Turquie	25.599	26.104	56.654			
	États-Unis............	—	—	3.185			
	Algérie...............	2.797	2.861	3.806			
	Autres pays...........	43.679	35.101	49.742			
	Totaux	694.902	562.089	757.019	25.363.923	20.291.413	26.495.665
Marrons et châtaignes	Italie............	41.649	46.067	46.865			
	Autres pays.....	322	369	441			
	Totaux...........	41.971	46.436	47.306	486.864	588.658	709.590
Dari, millet et alpiste		39.782	75.780	60.404	926.382	1.831.806	1.452.891
Pommes de terre	Belgique	289.419	313.924	486.420			
	Allemagne.............	27.756	43.485	27.259			
	Espagne...............	171.367	155.326	127.418			
	Algérie...............	142.660	150.194	110.066			
	Autres pays...........	11.406	13.387	67.085			
	Totaux...............	642.608	676.316	818.248	9.088.204	9.265.015	9.613.611

2° EXPORTATIONS.

		QUANTITÉS EN Q. M.			VALEURS EN FRANCS		
		1909	1908	1907	1909	1908	1907
Froment, Épeautre et Méteil	Belgique	31.970	4.419	1.431			
	Allemagne	1.125	155	4.603			
	Suisse	5.274	4.405	1.484			
	Algérie	28.247	6.132	3.649			
	Tunisie	114.885	42.705	—			
	Zone franche	669	418	292			
	Autres pays	2.139	1.307	1.856			
	Totaux	184.309	59.541	13.315	4.650.116	1.497.456	324.024
Avoine	Angleterre	244	244	5.656			
	Belgique	1.982	2.486	2.301			
	Suisse	5.628	15.304	37.902			
	Martinique	4.166	2.236	1.684			
	Guadeloupe	2.983	3.550	4.555			
	Autres pays	4.020	6.991	8.554			
	Totaux	19.023	30.971	60.652	344.317	573.892	1.091.736
Orge	Angleterre	63.935	38.834	102.070			
	Belgique	214.484	99.735	204.320			
	Allemagne	5.127	58.454	30.324			
	Suisse	10.579	18.957	15.347			
	Algérie	524	—	434			
	Autres pays	9.091	10.495	9.645			
	Totaux	303.740	226.475	362.140	5.922.930	4.223.759	6.518.520
Seigle	Norvège	—	120.785	70.191			
	Belgique	13.432	27.787	7.894			
	Allemagne	—	111.969	47.980			
	Suisse	8.710	21.125	10.023			
	Autres pays	3.173	3.823	2.989			
	Totaux	25.315	285.439	139.077	426.558	5.317.902	2.538.155
Maïs		48.438	11.480	7.303	900.947	211.232	133.280
Sarrasin		47.221	95.340	37.743	877.366	1.729.303	707.682
Farines	Froment Épeautre et Méteil { Angleterre	6.612	5.956	2.396			
	Suisse	1.262	3.526	1.868			
	Algérie	89.441	65.980	60.471			
	Tunisie	247.935	167.862	141.788			
	Indo-Chine	50.469	29.888	39.250			
	Madagascar	16.647	17.413	—			
	Autres pays	26.039	34.316	20.270			
	Totaux	438.405	324.941	266.043	15.255.494	11.210.465	9.072.060
	Avoine	202	201	216	6.353	6.432	6.912
	Orge	280	507	1.990	8.442	15.210	59.700
	Seigle	1.585	1.428	1.078	37.070	36.628	28.028
	Maïs	1.075	1.190	1.292	27.574	29.750	31.008
Malt (orge germée)		6.548	74.693	17.936	193.821	2.128.751	502.208
Biscuit de mer et pain		9.790	13.922	10.137	391.000	515.114	370.000

2° EXPORTATIONS (Suite).

		QUANTITÉS EN Q. M.			VALEURS EN FRANCS		
		1909	1908	1907	1909	1908	1907
Gruaux, semoules en gruaux, grains perlés ou mondés.	Algérie	22.047	7.149	1.750			
	Tunisie	77.899	70.768	10.031			
	Autres pays	4.149	3.188	3.237			
	Totaux	104.095	81.105	15.018	3.393.497	2.433.150	490.630
Semoules en pâtes et pâtes d'Italie.		12.748	10.784	11.333	675.644	536.700	600.049
Riz { Brisures de riz		54.852	50.570	55.294	978.336	1.036.685	1.105.880
{ Riz entier, farines et semoules		403.543	356.176	389.595	10.088.575	9.260.576	10.129.470
Légumes secs et leurs farines	Fèves	15.494	12.106	11.941	495.808	375.286	370.171
	Pois { Espagne	3.326	13.075	31.471			
	pointus { Autres pays	18.711	15.953	34.683			
	Totaux	22.037	29.028	67.154	771.295	986.952	2.383.336
	Autres { Algérie	53.139	50.981	49.585			
	{ Autres pays	50.509	53.209	37.025			
	Totaux	103.648	104.190	86.610	3.838.976	3.761.259	3.031.350
Marrons, châtaignes		79.613	97.484	99.569	955.356	1.072.324	1.493.535
Dari, millet et alpiste		4.669	3.145	1.864	91.046	62.900	37.280
Pommes de terre	Angleterre	1.179.818	1.729.038	1.458.115			
	Belgique	393.339	179.855	196.612			
	Suisse	92.504	22.963	19.480			
	Allemagne	99.062	65.796	50.907			
	Portugal	124.793	147.092	70.626			
	Espagne	141.192	86.013	54.476			
	Turquie	76.321	43.498	19.680			
	République Argentine	168.674	98.036	62.210			
	Brésil	80.450	68.934	73.048			
	Algérie	208.436	221.947	200.956			
	Tunisie	79.288	59.230	17.471			
	Egypte	64.306	12.750	—			
	Maroc	18.251	19.474	—			
	Uruguay	45.155	26.442	20.076			
	Chili	17.876	21.412	—			
	Madagascar	6.267	6.218	6.810			
	Guyane française	5.879	5.005	—			
	Autres pays	220.750	123.365	118.233			
	Totaux	3.028.370	2.932.068	2.369.900	44.819.876	43.394.606	30.459.182

En résumé, pour ces trois années, on constate un gros excédent de nos importations sur nos exportations de farineux alimentaires, se chiffrant par :

	1907	1908	1909
Importations....	321.309.795	196.571.632	271.029.686 francs.
Exportations....	71.385.802	90.416.332	95.351.997 —
Différences.....	249.923.993	106.155.300	175.677.689 —

Si nous considérons maintenant nos échanges avec l'Italie, nous les trouvons peu considérables, et notables seulement à l'importation pour le riz, surtout en paille, et pour les châtaignes, qu'elle nous fournit presque exclusivement.

Elle est cependant, comme nous, plus importatrice qu'exportatrice, témoins les chiffres statistiques suivants, qui se rapportent à 1909 :

		Importations		Exportations	
		QUANTITÉS EN Q. M.	VALEURS EN FRANCS	QUANTITÉS EN Q. M.	VALEURS EN FRANCS
Grains	Blé dur	6.483.410	149.118.430	2.320	68.410
	Blé tendre	6.840.320	150.487.040	2.000	57.000
	Seigle	274.540	4.667.180	260	4.940
	Avoine	884.140	16.356.590	920	17.020
	Orge	175.700	3.162.600	680	12.340
	Maïs blanc	870	13.050	120	2.280
	Maïs autre	2.148.050	32.294.775	55.410	1.052.790
Légumes secs		418.260	10.038.240	333.830	8.846.495
Millet		10.990	203.315	1.190	22.015
Epeautre et sarrasin		22.540	293.020	1.400	18.200
Alpiste des Canaries		6.780	196.620	1.610	46.690
Grains non dénommés		5.590	95.030	6.390	108.630
Châtaignes		5.060	86.020	256.510	4.360.670
Pommes de terre		87.690	748.365	736.630	6.261.855
Riz	dans sa balle	1.360	31.060	106.550	2.503.925
	demi-ouvré	1.870	47.685	25.360	645.180
	mondé	10.170	340.695	455.590	18.431.895
Farine	de froment	10.548	369.180	419.868	14.695.380
	de riz	97	3.395	24	840
	de seigle	175	4.812	287	7.892
	d'avoine et d'orge	357	7.676	4	86
	de maïs blanc	33	693	457	9.597
	d'autres grains	1.762	40.526	8.919	205.137
Semoule		7	280	59	2.065
Son		111.716	173.596	169.615	6.784.600
Pâte de Froment		176	8.006	175.753	2.724.171
Pain et biscuit de mer		240	13.200	522.790	24.048.340

Ce mouvement d'échanges correspond, pour l'Italie, aux surfaces cultivées suivantes :

Châtaigniers (1909)... 412.000 hectares.
Blé, Froment (1908).. 5.108.000 — (Production 53.648.000 hectol.).
Maïs (1908).......... 1.800.000 — (— 33.814.000 —
Riz (1908)........... 151.000 — (— 9.393.000 —

Pour la France, le tableau ci-dessous donne, pour les farineux alimentaires, les chiffres comparatifs de deux années de la dernière période décennale, avec la moyenne de celle-ci, relativement à la surface cultivée et au rendement ; d'une manière générale, alors qu'il y a pour tous (sauf pour la pomme de terre) une tendance à la diminution de la surface cultivée, on constate au contraire, comme pour toutes les cultures, une amélioration du rendement moyen qui vient en compensation, ainsi que de la valeur moyenne de la récolte.

| | | SURFACES | PRODUCTION | | | | VALEUR | VALEUR MOYENNE du quintal |
| | | | TOTALE | | moyenne par hectare | | TOTALE | |
		(hectares)	Hectol.	Quint.	Hectol.	Quint.	(francs)	
Froment	1900............	6.864.070	114.710.880	88.598.900	16,71	12,91	1.657.769.800	18,71
	1909............	6.596.240	125.521.900	97.752.200	19,03	14,81	2.278.828.300	23,31
	Moyenne décennale......	6.599.370	117.657.500	91.107.000	17,83	13,80	1.979.634.700	21,73
Méteil	1900............	200.560	3.212.150	2.379.130	16,01	11,86	41.630.900	17,49
	1909............	141.640	2.477.500	1.835.500	17,49	13,08	37.833.000	20,41
	Moyenne décennale.....	160.860	2.624.250	1.945.050	16,30	12,09	36.484.700	18,75
Seigle	1900............	1.419.780	20.889.000	15.087.590	14,71	10,62	217.636.700	14,42
	1909............	1.226.980	19.358.600	14.145.900	15,77	11,52	251.163.700	17,76
	Moyenne décennale......	1.296.670	19.230.280	13.908.720	14,83	10,72	228.954.500	16,46
Orge	1900............	757.193	14.394.320	9.194.230	19,01	12,14	152.595.900	16,50
	1909............	734.410	16.261.200	10.431.800	22,14	14,20	197.198.600	18,90
	Moyenne décennale......	718.980	14.468.530	9.263.090	20,12	12,88	160.872.800	17,36
Avoine	1900............	3.941.420	88.309.920	41.413.450	22,40	10,50	731.770.100	17,66
	1909............	3.926.540	116.708.110	55.613.000	29,72	14,16	1.116.398.800	20,07
	Moyenne décennale	3.866.890	97.206.840	45.853.080	25,14	11,85	858.445.600	18,72
Sarrasin	1900............	602.581	8.163.690	5.114.120	13,54	8,48	88.709.700	17,34
	1909............	500.340	8.225.400	5.318.450	16,43	10,62	97.061.500	18,25
	Moyenne décennale......	538.150	7.859.050	5.018.820	14,60	9,33	86.732.500	17,28
Maïs	1900............	541.191	7.834.660	5.702.120	14,47	10,53	88.089.200	15,45
	1909............	494.760	9.156.200	6.623.400	18,50	13,38	137.327.400	20,73
	Moyenne décennale......	504.925	8.210.500	5.992.620	16,26	11,86	108.631.300	18,16
Pommes de terre	1900............	1.509.898	—	122.541.230	—	81,15	595.278.890	4,85
	1909............	1.547.390	—	166.844.180	—	107,82	914.650.110	5,48
	Moyenne décennale......	1.504.390	—	131.357.640	—	87,32	725.199.270	5,52

Les départements qui ont la plus grosse production sont :

1° Pour le froment, l'Aisne, l'Allier, l'Eure-et-Loir, la Haute-Garonne, l'Ille-et-Vilaine, l'Indre-et-Loire, la Loire-Inférieure, le Loiret, le Maine-et-Loire, le Nord, l'Oise, le Pas-de-Calais, la Seine-Inférieure, la Seine-et-Marne, la Seine-et-Oise, les Deux-Sèvres, la Somme, la Vendée et la Vienne.

2° Pour le méteil, l'Aveyron, le Finistère, la Haute-Garonne, la Haute-Loire, le Loiret, la Manche, la Mayenne (très au-dessus des autres), l'Orne, les Hautes-Pyrénées, la Sarthe (presque au niveau de la Mayenne), la Somme et les Vosges.

3° Pour le seigle, l'Aisne, l'Ardèche, l'Aveyron, le Cantal, la Corrèze, la Creuse, le Finistère, les Landes, la Loire, la Haute-Loire, le Loiret, la Lozère, la Marne, le Morbihan, le Puy-de-Dôme et la Haute-Vienne.

4° Pour l'orge, l'Aisne, l'Allier, l'Aube, le Calvados, le Cher, la Côte-d'Or, l'Eure-et-Loir, le Finistère, l'Ille-et-Vilaine, l'Indre, la Haute-Loire, le Loiret, la Manche, la Marne, la Mayenne (très au-dessus des autres), l'Orne, la Sarthe, la Seine-et-Oise et la Vienne.

5° Pour le sarrasin, l'Ain, le Calvados, le Cantal, la Corrèze, les Côtes-du-Nord, le Finistère, l'Ille-et-Vilaine (ces trois derniers, ainsi que le Morbihan, très au-dessus des autres), la Loire-Inférieure, la Manche, la Mayenne, le Morbihan, l'Orne, la Saône-et-Loire et la Haute-Vienne.

6° Pour l'avoine, l'Aisne, la Côte-d'Or, l'Eure, l'Eure-et-Loir, le Finistère, le Loir-et-Cher, le Loiret, la Marne, le Nord, l'Oise, le Pas-de-Calais, la Seine-Inférieure, la Seine-et-Marne, la Seine-et-Oise, la Somme, la Vienne et l'Yonne.

7° Pour le maïs, l'Ain, l'Ariège, l'Aude, la Dordogne, la Haute-Garonne, le Gers, les Landes, le Lot, le Lot-et-Garonne, les Basses-Pyrénées, les Hautes-Pyrénées, la Saône-et-Loire, le Tarn et le Tarn-et-Garonne.

8° Pour les haricots secs, l'Ariège, la Haute-Garonne, le Gers, la Gironde, l'Indre-et-Loire, les Landes, le Nord, le Pas-de-Calais, les Basses-Pyrénées, la Seine-et-Oise, le Tarn, la Vendée, la Vienne et la Haute-Vienne.

9° Pour les lentilles, l'Aisne, les Basses-Alpes, le Cantal (1/6 de la production totale), le Doubs, la Haute-Saône (qui donne près de la moitié de la production totale), le Lot-et-Garonne, la Meurthe-et-Moselle, la Somme et les Vosges.

10° Pour les pois secs, le Calvados, le Cantal, la Charente, la

Dordogne, le Doubs, la Gironde, le Lot-et-Garonne, la Meurthe-et-Moselle, le Morbihan, le Nord (1/6 de la production totale), le Pas-de-Calais (1/8 de la production totale), le Puy-de-Dôme, la Somme, le Tarn-et-Garonne, la Vienne et les Vosges.

11° Pour les fèves, l'Ariège, la Charente, la Dordogne, le Haute-Garonne (1/7 de la production), le Gers (1/5 de la production), la Gironde, le Lot-et-Garonne (1/6 de la production), le Pas-de-Calais, le Tarn et le Tarn-et-Garonne.

12° Pour les féveroles, l'Aisne, les Ardennes (1/6 de la production), la Côte-d'Or, le Nord (1/7 de la production), le Pas-de-Calais (1/4 de la production), la Somme et la Vendée.

13° Pour les pommes de terre, l'Allier, l'Ardèche, la Charente-Inférieure, les Côtes-du-Nord, la Dordogne, l'Isère, la Loire-Inférieure, le Morbihan, le Puy-de-Dôme, la Saône-et-Loire (1/20 de la production totale), la Sarthe, la Seine-et-Oise et la Vienne.

14° Pour les topinambours, l'Allier, la Charente, la Charente-Inférieure (ces deux derniers donnent ensemble le 1/6 de la production totale), la Dordogne, l'Indre, l'Indre-et-Loire, la Saône-et-Loire, les deux Sèvres, la Vienne (1/3 de la production) et la Haute-Vienne (1/7 de la production).

Pour ce qui est de l'Algérie, la surface cultivée et la production (sauf les variations dues aux conditions saisonnières), sont en progression constante :

	SURFACES CULTIVÉES (HECTARES)			PRODUCTION TOTALE (QUINTAUX)		
	1906	1907	1908	1906	1907	1908
Blé tendre	263.516	279.558	334.558	2.112.069	2.427.060	2.166.028
Blé dur	1.078.179	1.038.603	1.121.424	7.220.088	6.080.801	5.927.815
Seigle	167		695	315	1.917	7.630	1.417
Orge	1.320.960	1.282.276	1.393.183	10.363.753	9.044.480	6.860.797
Avoine	128.146	137.860	172.077	1.361.340	1.546.029	1.393.447
Maïs	15.188	15.784	15.198	138.168	102.082	108.121
Fèves ou féveroles	30.400	31.874	33.409	180.600	220.811	182.571
Bechna	25.505	23.646	23.211	171.139	158.107	104.478
Millet	604	2.543	888	3.872	16.387	12.835
Pommes de terre	14.325	15.219	15.483	458.229	490.612	421.613
Haricots	2.004	2.290	3.064	31.640	39.189	29.790
Pois	7.906	8.278	8.784	51.350	73.918	59.325

Ceci est surtout apparent si l'on compare les deux années extrêmes de la période décennale 1899-1908 :

		Surface (hectares)	Production (quintaux)
Blé	1899.....	1.303.582	6.064.073
	1908.....	1.455.679	8.093.843
Seigle	1899.....	326	2.442
	1908.....	315	1.417
Orge	1899.....	1.395.533	7.203.965
	1908.....	1.393.183	6.860.727
Avoine	1899.....	84.630	658.067
	1908.....	172.077	1.393.447
Maïs	1899.....	13.290	88.756
	1908.....	15.198	108.121
Pommes de terre	1899.....	10.920	300.276
	1908.....	15.483	421.613

Quant à la Tunisie, voici, pour 1908-1909, les chiffres les plus intéressants relatifs aux céréales :

Blé	Surface cultivée	386.825 hectares
	Production.....	1.750.000 quintaux
Orge	Surface cultivée	449.453 hectares
	Production.....	2.000.000 quintaux
Avoine	Surface cultivée	60.000 hectares
	Production	790.000 quintaux
Maïs et sorgho	Surface cultivée	20.000 hectares
	Production.....	63.200 quintaux

Bien que les considérations précédentes montrent l'importance de la production et de la consommation nationales, les exposants de cette catégorie étaient fort peu nombreux à Turin. Il faut bien dire que le cultivateur proprement dit se tient très à l'écart des Expositions, qui ne peuvent lui être que d'une utilité tout à fait restreinte, contrairement à ce qui se passe pour les commerçants et les industriels. Ceci s'applique également à la plupart des nations européennes.

Certaines autres, au contraire, comme la Hongrie, et, surtout, les Républiques de l'Amérique Latine, Argentine, Brésil, Uruguay, groupaient un nombre imposant de producteurs. C'est que, chez elles, la méthode est toute différente ; là, ce sont surtout des collectivités, comprenant jusqu'à un millier de membres, qui exposent leurs plus beaux échantillons de grains, émanant presque chacun de producteurs différents.

C'est une telle orientation qui devrait être donnée à nos expositions agricoles, en galvanisant les organisations existantes dans les régions où les cultures qui ressortissent à la Classe sont suffisamment importantes ; il ne faut pas se dissimuler cependant que c'est là une tâche difficile, et, cependant, notre pays pourrait fournir, soit pour les céréales, soit pour les plantes industrielles : textiles, oléagineuses, aromatiques, médicinales, tannantes, ample matière à des ensembles démonstratifs.

HORS-CONCOURS.

M. RICOIS (Pierre-Auguste), à Moresville, par Bonneval (Eure-et Loire).

M. Ricois exploite depuis 1871 à Moresville un important domaine où il produit des semences sélectionnées, notamment celles de l'avoine de Houdan, de blés à grand rendement, d'orges, de betteraves, de carottes, etc.

Son champ d'expériences et de démonstration comprend 80 variétés de blé, 20 variétés d'avoine, 12 d'orge et 120 de pommes de terre.

C'est grâce aux efforts persévérants de M. Ricois que, sur un sol autrefois très ingrat, mais par l'emploi judicieux des engrais et le choix des semences, des résultats aussi remarquables ont pu être obtenus.

MM. VILMORIN-ANDRIEUX et Cie, 4, Quai de la Mégisserie, à Paris.

La maison VILMORIN-ANDRIEUX et Cie, fondée au commencement du siècle dernier, pour la production des graines de choix, a pris, surtout depuis 1870, un grand développement.

L'établissement de Verrières, qui remonte à la fondation de la maison, comprend de vastes constructions, destinées au séchage, au nettoyage et à la manutention des graines, et un enclos cultivé d'une trentaine d'hectares. Les cultures, des plus variées : céréales, plantes de grande culture, légumes, plantes de pleine terre, fleurs diverses, ont pour objet la production de graines sélectionnées avec le plus grand soin.

Ces graines sont envoyées chez des cultivateurs de la maison, situés dans différentes régions, où elles sont semées et récoltées sous le contrôle de ses inspecteurs. Les terres ainsi ensemencées dépassent 6.000 hectares.

Les récoltes sont envoyées dans de vastes magasins situés à Reuilly et à Massy-Palaiseau. Avant d'être livrées au commerce, un échantillon de chacune d'elles est cultivé à l'établissement de Verrières avec d'autres échantillons de la même race, de manière à contrôler l'exacte conformité des graines. Vingt mille parcelles de terrains, représentant autant de lots de graines, sont affectées à ce contrôle.

Le domaine de Verrières comprend, en outre, des collections de végétaux vivants du plus haut intérêt, notamment une collection de pommes de terre, commencée en 1815 et comprenant actuellement 800 variétés, et une collection de froments où se trouvent réunies plus de 100 variétés distinctes. Des croisements habiles ont permis d'obtenir de nombreux hybrides, universellement connus aujourd'hui.

La maison VILMORIN-ANDRIEUX et Cie exposait une collection importante de céréales (blés, maïs, millets, seigles, orges) et de plantes légumineuses en gerbes et en grains.

Parmi les céréales, se trouvaient tous les types des blés les meilleurs qui, à la suite de nombreuses expériences, ont donné les rendements les plus rémunérateurs, notamment les blés hybrides *lavred, dattel, trésor, gros-bleu, grosse-tête, Massy*, etc., tous obtenus par la maison. On remarquait également de belles collections de seigles, d'orges, de maïs, de millets, de sorghos, etc., munis d'étiquettes explicatives portant, indépendamment des noms scientifiques et génériques, une indication sommaire de la culture, ainsi que le rendement approximatif à l'hectare.

Dans d'élégantes vitrines, se trouvait une collection de moulages artistiques de racines, de fruits et de légumes : betteraves, carottes, céleris-raves, choux-navets, oignons, pois, pommes de terre, radis, stachys, topinambours, chicorées à café, etc., donnant une idée exacte de l'original, tant pour la forme et la couleur que pour son poids en pleine maturité.

Parmi ces reproductions, il convient de signaler spécialement les magnifiques spécimens de betteraves sucrières, qui sont une des spécialités les plus remarquables de la maison Vilmorin. L'amélioration de la betterave quant à sa richesse saccharine, commencée en 1860 par M. Louis de VILMORIN, a été en effet, depuis lors, l'objet d'études incessantes dans le domaine de Verrières.

GRANDS PRIX.

BOREL (Victor), à Saumur (Maine-et-Loire).

Le stand de M. Victor Borel était un des plus intéressants et des plus vastes de la Classe ; fort élégamment disposé, il comprenait :

1° Une collection très complète de blés, avoines et plantes fourragères diverses, disposées en gerbes ;
2° Une collection de 1600 variétés de graines potagères, fourragères et de fleurs ;
3° Une collection de 30 espèces des principales graminées généralement employées pour la constitution des prairies et pâtures, disposées de manière à laisser à la plante son aspect naturel et à en permettre très facilement l'étude ;
4° Une collection de tableaux exécutés dans l'atelier spécial de la maison, les uns en chromo-lithographie, représentant en grandeur naturelle diverses variétés de betteraves, de carottes, de navets, de radis, de pois, de haricots, de légumes et de fleurs divers ; les autres en photo-chromo, reproduisant des betteraves et les meilleures graminées à employer pour la création des prairies et pâtures, avec les particularités intéressantes pour leur utilisation ;
5° Une collection de moulages en plâtre peint, reproduisant les mêmes plantes potagères et fourragères, et donnant l'illusion parfaite des originaux.

La maison Victor BONET, fondée en 1894, a pris un développement qui ne cesse de croître ; spécialement adonnée à la production des graines pour ensemencements, elle utilise à cet effet annuellement une superficie de plus de 1800 hectares, répartie entre 950 cultivateurs, dont la majeure partie est aux environs de Saumur, d'autres en Hollande, en Italie et au Canada.

Les magasins, dépôts et séchoirs, qui occupaient, jusqu'en 1911, 8.500 mètres carrés, couvrent aujourd'hui une superficie de 12.000 mètres, sans compter les magasins de Loudun, spécialement destinés aux graines fourragères, et qui occupent 2.540 mètres carrés. La maison possède en outre trois jardins d'essais, de contrôle et de vérifications d'espèces d'une contenance totale de 5 hectares, avec serres et châssis occupant 760 mètres carrés, plusieurs fermes d'une superficie de 5 hectares, où sont préparés les plants destinés à la culture des graines, lesquels sont ensuite distribués aux cultivateurs attachés à la maison et placés sous la surveillance de chefs de culture ; un laboratoire d'essais de semences et d'études ; deux salles de nettoyage de graines, pourvues des appareils les plus modernes, de décuscuteurs, tarares américains, cribles bobys.

Toutes les graines mises en vente sont issues d'excellents portegraines, les pieds-mères sont sélectionnés et épurés avec tous les soins nécessaires ; les semences sont, en outre, vérifiées et nettoyées, puis les essais du Laboratoire sont contrôlés par la Station officielle d'essais de semences du Ministère de l'Agriculture.

La méthode et le soin apportés par la maison Victor BONET à ses diverses productions, autant que ses publications de vulgarisation, tels que les tableaux ci-dessus énumérés, ou le Manuel Annuel qu'elle publie, explique la faveur dont elles jouissent et l'essor rapide qu'elle a pris.

Déjà titulaire d'un Grand Prix à Bruxelles, le Jury le lui a confirmé à Turin en y joignant ses félicitations.

M. LAMBERT (Maurice), Sous-Directeur de la sucrerie de Toury (Eure-et-Loir).

Les produits exposés par M. LAMBERT consistaient en sucres bruts, en mélasses et en divers échantillons d'un fourrage mélassé, le *Pail'Mel*, qui est fabriqué dans une usine spéciale annexée à la sucrerie, une des plus importantes de France.

Ce sont les mélasses résiduelles qui sont employées pour la fabrication du *Pail'Mel*, mélange de mélasse et de paille hachée, dont la matière absorbante est stérilisée par une haute température. La paille, grâce à la présence de la mélasse et du sucre, devient très digestible : l'expérience a démontré que le produit est très maniable, de conservation facile et d'une valeur nutritive relativement élevée.

LOUIS-DREYFUS et Cie, à Paris.

La maison LOUIS-DREYFUS et Cie, fondée en 1850 à Bâle, puis transférée à Paris, possède dans le monde entier des succursales, dont le nombre atteint près de 300, sans compter les agences, sous-agences, comptoirs, etc. Elle se livre au commerce des céréales et aux opérations de banque qui en sont connexes.

Elle possède une flotte de steamers aménagés pour le transport des céréales, des appontements pour leur chargement et des magasins pouvant contenir plus de 200.000 quintaux métriques.

Sa vitrine comprenait une grande quantité d'échantillons de grains de toute espèce.

SOCIÉTÉ D'ENCOURAGEMENT DE LA CULTURE D'ORGES DE BRASSERIE EN FRANCE, 22, Avenue de Wagram, à Paris.

La Société d'Encouragement de la Culture d'Orges de Brasserie a été fondée dans le but d'améliorer la qualité des orges françaises, dont la production est insuffisante pour la consommation de la brasserie et qui, trouvant en notre climat des conditions favorables, pourrait non seulement lui suffire, mais donner lieu à un mouvement d'exportation. La Société s'est attachée à sélectionner les orges indigènes, à procéder à des essais d'acclimatement de variétés nouvelles, et à propager toutes les variétés susceptibles de donner satisfaction à l'industrie de la brasserie.

On dispose aujourd'hui de plusieurs variétés d'orges soigneusement sélectionnées, notamment l'orge de Hanna et l'orge de Svalof. Les orges de Beauce, du Gâtinais, de la Champagne et de l'Auvergne sont très estimées pour la fabrication des bières à fermentation basse, les escourgeons de Beauce, de Champagne et du Poitou sont utilisés en fermentation haute.

Des tableaux graphiques montraient les résultats obtenus par l'initiative de la Société, qui ne peuvent manquer de se développer.

M. WEILL (Camille), 175, Faubourg Poissonnière, à Paris.

M. Camille WEILL, qui exploitait autrefois une Brasserie-Malterie à Châteaudun, a fondé en 1900, à Toury (Eure-et-Loir), une maison spécialement chargée de l'achat et de la sélection des grains pour la brasserie, dans le but d'obtenir des malts à qualité fixe, permettant la fabrication de bières d'un goût déterminé ; il s'est consacré exclusivement au commerce des grains crus et maltés.

Son Exposition consistait en variétés d'orges et d'escourgeons de brasserie de Beauce, du Gâtinais, de Champagne, du Poitou, de la Vendée et de l'Auvergne.

DIPLOME D'HONNEUR.

MM. FOURNIER et Cie, 8 et 10, rue Frémicourt, à Paris.

Ces exposants, successeurs de la maison Grandin, fondée en 1834, montraient une partie des articles qu'ils traitent :

1° Grains indigènes, parmi lesquels des avoines des diverses régions (grise et noire de Beauce et de Brie, blanche et jaune du Nord, grise d'hiver et noire du Poitou, blanche dite de Ligowo) et des orges pour mouture ;

2° Céréales d'importation : avoine et orge d'Algérie et de Tunisie, avoine rouge dite de la Plata, avoines noire et blanche de Russie, avoine noire de Suède et de Hollande, maïs jaune du Tonkin, maïs blanc et bigarré d'Amérique, maïs jaune dit de la Plata, blés de la Plata et d'Australie, etc. ;

3° Echantillons des meilleurs foins et luzernes pressés du Midi de la France et de la région des Alpes et, comme produits alimentaires pour le bétail et les chevaux, des pailles mélassées de raffinerie, à la mélasse pure, et garantis contenant 28 % de sucre.

Cette maison, qui avait été précédemment hors concours, comme membre du Jury (Paris 1900) et avait cessé de concourir aux Expositions, avait obtenu à Bruxelles une médaille d'or; elle a reçu, à Turin, un Diplôme d'Honneur.

MM. FOURNIER et Cie possèdent à Paris une importante installation mécanique pour le nettoyage, le triage, le concassage et la mouture des grains destinés à la consommation de la cavalerie et du bétail, qui lui permettent de fournir les grandes Administrations publiques et particulièrement celle de la Guerre.

MÉDAILLES D'OR.

MM. BRISSON-DAUTHEL, GILLOT et BRIFFAUX, à Brienne-le-Château (Aube).

Avec ces exposants, nous avons à décrire de nouvelles machines réalisant des dispositions originales et des perfectionnements inattendus dans l'outillage de la minoterie, qui mettent bien en évidence l'ingéniosité des constructeurs français.

Ces constructeurs se sont attachés à vaincre certaines difficultés de la meunerie, la première, l'épointage et le décorticage des grains. Chacun sait combien il est parfois difficile de débarrasser le grain de ses pointes et barbes en houppe et de la poussière incrustée dans le sillon ; de même que de débarrasser un grain comme le riz de son enveloppe excessivement dure.

Parmi les nouveautés les plus intéressantes de MM. BRISSON-DAUTHEL, GILLOT et BRIFFAUX, il faut placer l'*épointeuse-décortiqueuse* à grains à propulseurs frictionneurs multiples et mobiles, qui apporte une véritable révolution en meunerie.

On connaît les inconvénients qui résultent de l'emploi de la colonne à manteau d'émeri, brisant le grain, écorchant l'enveloppe, la déchirant en une multitude de fragments pelliculaires ; ces produits recueillis en très grosses proportions, au lieu de faire partie intégrante du son et d'avoir, par conséquent, la même valeur, se présentent alors sous la forme d'une poussière grise et ténue d'une valeur insignifiante et d'une vente d'ailleurs difficile ; d'où (avec les cassures de blé) grosse perte pour le fabricant.

De plus, le travail des machines de ce genre doit être complété par celui d'une brosse ou peleuse ayant pour mission de faire tomber du grain des lobes de péricarpe qui restent accrochés à l'enveloppe.

Néanmoins, ces produits n'ont pas encore leur valeur réelle, car malgré l'emploi de la brosse, il reste, tenant par un côté entier à l'enveloppe, une quantité de particules imperceptibles d'écorces qui ne s'en séparent qu'à leur passage dans les appareils de réduction, venant salir, par myriades de petites piqûres roussâtres, les farines, et, ainsi, nuire à leur blancheur, à leur qualité et à leur conservation.

Avec la nouvelle épointeuse décortiqueuse à grains, toutes ces difficultés disparaissent. Travaillant sans attaquer l'enveloppe conservatrice du grain et sans production de cassures, elle rend le blé clair, coulant et bien lustré; elle le débarrasse de toutes ses impuretés, houppes, poussières, terre, etc...., elle le sépare de tous ses corps légers, graines folles, blé creux, petit blé, paille, balle, etc... En un mot, tout en donnant un rendement bien supérieur, son action influe sur toute la mouture, et les farines obtenues par son emploi sont bien plus blanches, de meilleure qualité et de bonne conservation.

Voici en quelques mots le fonctionnement de cette machine :

Au lieu de palettes projectrices, ou batteurs fixes, comme dans les machines ordinaires, qui lancent avec violence le blé contre les parois de la garniture, provoquant des cassures de bon grain et perforant son enveloppe conservatrice, le travail efficace que produit l'épointeuse-décortiqueuse est obtenu par le nouveau système breveté d'un tambour rotatoire dont la périphérie est garnie d'une multitude de chaînes tournantes, à mailles serrées, à l'intérieur d'une enveloppe cylindrique, tournante également.

Cette enveloppe est garnie de tamis appropriés par où s'échappent les poussières, au fur et à mesure de leur production. Ces chaînes, qui sont disposées d'une façon spéciale, forment de multiples propulseurs frictionneurs mobiles qui se tendent sous l'action de la force centrifuge et par l'influence de leur poids, tout en conservant une certaine mobilité. La marchandise subit donc :

1° la friction des chaînes, qui la projettent normalement contre la garniture, dans la direction la plus avantageuse;

2° la friction de la garniture, augmentée par une légère pression que lui impriment les chaînes, en raison de leur mobilité;

3° la friction des chaînes elles-mêmes, qui la dirigent sur la sortie.

Un ventilateur puissant aspire sur toute la machine, à l'entrée, à la sortie, et dans le corps. Les poussières lourdes sont évacuées par une vis, et les déchets dans une chambre à expansion.

En résumé, l'épointeuse-décortiqueuse présente les avantages suivants :

Grand rendement; économie de force motrice; diminution des déchets; amélioration de la qualité des farines.

Ajoutons que, d'un prix relativement peu élevé, cette machine se distingue par sa robustesse, son élégance, le fini de sa construction, la facilité de sa conduite, son entretien facile et peu coûteux et l'accessibilité de ses organes.

Nous signalerons, des mêmes constructeurs, la *bluterie centrifuge détacheuse* et la nouvelle *brosse à son*.

La bluterie centrifuge détacheuse se distingue des anciennes bluteries par la projection de la marchandise contre la garniture : l'obliquité de la projection détermine un frottement qui pulvérise les plaquettes farineuses ; la quantité traitée dépasse de beaucoup celle habituelle des centrifuges à palettes, de même que le taux d'extraction de farine est beaucoup plus élevé. La farine sort très blanche.

La nouvelle brosse à son est construite sur le même principe que la bluterie centrifuge ; elle fournit, par suite, des sons très lustrés, dépouillés, légers, ayant un aspect très avantageux et qui ont abandonné une quantité considérable de farine blanche.

En résumé, sur ce même principe, les inventeurs construisent des appareils pour nettoyage de grains et graines de toute nature, pour l'écurage des résidus de mouture, pour réduire en morceaux et bluter tous produits, pour lustrer, décortiquer, polir, mélanger, etc...

Il y a là toute une révolution dans la technique des machines de meunerie. C'est bien là une invention des plus intéressantes et des mieux comprises, que ses constructeurs ont fait breveter dans tous les pays où son application peut être faite, et qui a obtenu dans quelques-uns, en Allemagne notamment, un succès considérable.

En Italie, pendant l'Exposition de Turin, l'Administration militaire italienne, qui possède et dirige un grand nombre de moulins, s'est fait adresser par l'Officier d'Administration délégué à l'Exposition, un rapport détaillé sur le fonctionnement des nouvelles machines de MM. Brisson-Dautriel, Gillot et Baiffaux. Rendez-vous avait été pris après l'Exposition avec l'Intendant général à Rome pour traiter une fourniture importante, quand malheureusement la guerre italo-turque vint interrompre momentanément ces pourparlers qui seront repris incessamment.

Les représentants du Japon et de la Chine qui étaient à Turin se sont enthousiasmés pour ces machines, en raison de leur application au décorticage du riz qui, jusqu'ici, n'a pu être fait que par des procédés très rudimentaires et très longs tandis que, grâce à cette nouvelle invention, on arrive avec peu de force, peu de dépense et rapidement à un brillant résultat.

Il y aurait par suite un grand débouché pour ces machines tant dans ces Etats que dans nos colonies de l'Indo-Chine et de Madagascar.

La maison Brisson-Dauthel existe depuis 40 ans à Brienne-le-Château ; elle fait un commerce important de grains (blés, avoines, orges, seigles...), bois de construction, charbons, ciment, plâtre, chaux, engrais. Elle est un des principaux fournisseurs de l'armée pour les blés et avoines.

Ses moulins de Dienville existent depuis dix ans et écrasent environ 400 quintaux de blé par 24 heures. Ses farines, très appréciées dans la région de l'Est et lyonnaise, sont supérieurement cotées.

Quoique nouveaux venus dans les Expositions, MM. Brisson-Dauthel, Gillot et Briffaux ont vu récompenser l'originalité et les incontestables qualités de leurs appareils par une Médaille d'Or.

JABLONSKI-CHAPIREAU (Vve), à Paris.

Il y a de longues années que la maison Jablonski-Chapireau s'est adonnée spécialement à la fabrication des cachets azymes, forme d'enrobage des produits médicamenteux d'origine française. Or, c'est seulement avec les bonnes farines qu'on peut fabriquer de bons pains azymes, et, tant comme finesse que comme blancheur, les types exposés par cette maison sont dignes de sa réputation.

RAYER, à Vermars, par Survilliers (S.-et-O.).

M. Rayer montrait divers produits agricoles, parmi lesquelles des graines de plantes fourragères.

M. OSSIAN (Henry), Moulin de Giboudet, par Houdan (S.-et-O.).

L'exploitation agricole dirigée par M. Ossian, Henry, a surtout pour objet la culture des céréales et des pommes de terre dans le but d'en tirer des produits industriels ou diététiques. Ce sont : 1° des blés récoltés de semences sélectionnées afin d'obtenir des grains très riches en gluten ; 2° des pommes de terre industrielles, d'un plant sélectionné pour obtenir un rendement de 18 à 20 % de fécule supérieure.

De la farine de froment, il extrait : 1° le gluten séché à l'air libre, travail fait avec le plus grand soin pour que ce produit puisse être utilisé en pharmacie (enrobage) ou pour la confection des pâtes de régime destinées à l'alimentation des diabétiques, obèses, dyspeptiques..; 2° l'amidon pur froment, employé soit pour la fabrication des cachets azymes, soit pour la préparation de produits alimentaires diététiques, soit enfin pour la parfumerie.

La pomme de terre fournit, après lavage et râpage, des fécules supérieures blutées pour l'alimentation humaine ; elle peut en outre être transformée en produits gommeux, dextrine et gommaline, d'un emploi industriel.

Ajoutons que les résidus de fabrication sont utilisés pour l'engraissement du bétail et les eaux usagées envoyées en irrigation pour la fertilisation du sol.

MÉDAILLE D'ARGENT.

SOCIÉTÉ DU GRAMINOL (Fabre et Duverny) à Toulon (Var).

Cette Société, fondée pour l'exploitation du produit diététique appelé Graminol, exposait les céréales qui en sont les constituants principaux : blé, orge, avoine, et du manioc. Ce produit présente cette particularité qu'y sont incorporés les phosphates végétaux extraits de ces céréales et concentrés au moyen de chaudières et appareils spéciaux. La vente de cette farine alimentaire est importante, particulièrement dans le Midi de la France.

Si nous parcourons les Expositions des autres nations européennes, nous aurons à constater une abstention à peu près aussi prononcée ; mais il n'en sera pas de même des Républiques Sud-Américaines, et particulièrement de la République Argentine ou du Canada. Dans le Pavillon du Canada, pas d'Expositions particulières, c'est le Gouvernement lui-même qui expose, et l'ensemble a ainsi une tenue et un attrait que ne présentent pas généralement les Expositions des autres nations : pour chaque catégorie de productions, des dioramas, des graphiques, des échantillons choisis donnent une idée de la flore, de la faune, des différentes industries du pays, et les dioramas ne sont pas seulement des toiles peintes, mais des décors de fonds sur lesquels se détachent les animaux naturalisés, et les poissons eux-mêmes semblent se mouvoir dans un aquarium factice. Aussi, le public fait-il toujours à ce pavillon un succès d'affluence mérité.

Dans le Pavillon Argentin, indépendamment des expositions particulières, quatre sociétés agricoles, la Société Rurale Argentine, la Bourse de Céréales, le Comité Argentin, toutes trois de Buenos-Aires, la Société Rurale, de Gualeguaychú (Entre Rios) avaient réuni les échantillons de leurs sociétaires producteurs dans les différentes plantes de la Classe 90. Une très belle collection d'épis de toutes leurs variétés, indépendamment des échantillons en bocaux, montrait la belle qualité des grains récoltés. On jugera de l'importance de ces variétés par le nombre des échantillons exposés, chaque échantillon correspondant à un sociétaire :

Pour la Société Rurale Argentine, 300 échantillons de froment, 33 d'orge, 44 d'avoine, 6 de seigle, 410 de maïs, 6 de sorgho, 25 de riz, 1 de sarrasin, 10 de millet-alpiste, 23 de haricots, 2 de fèves, 6 de pois, 10 de pois chiches.

Pour la Bourse de Céréales, 591 de froment, 40 d'orge, 141 d'avoine, 9 de seigle, 116 de maïs, 4 de sorgho, 10 de millet, 23 de millet.

Pour la Société Rurale, 167 échantillons de froment et 5 d'avoine.

Enfin, pour le Comité Argentin, moins important, 19 de froment, 2 d'orge, 5 d'avoine.

Soit au total 1.077 échantillons de froment, 75 d'orge, 195 d'avoine, 15 de seigle, 526 de maïs, 25 de riz, 33 de millet, pour ne citer que les plus importants.

En Argentine, les céréales sont surtout cultivées dans les provinces de Buenos-Aires, Santa-Fé, Entre Rios, Cordova et le territoire de la Pampa.

C'est le maïs qui, après le froment, occupe la superficie la plus grande, s'étendant sur toute la région centrale et septentrionale du pays ; le riz est surtout cultivé dans les provinces de Tucumán, San Juan, Mendoza, Salta, Rioja et Jujuy.

Voici d'ailleurs un tableau qui donnera une idée des progrès réalisés depuis quarante ans dans la production agricole en Argentine :

	1872	1888	1895	1909	1910
Froment	73.096	815.438	2.049.683	5.836.550	6.253.180 hect.
Maïs	130.430	801.588	1.244.184	3.005.000	3.245.350
Avoine	—	—	?	572.600	800.370
Orge	1.713	?	54.574	60.011	60.011
Luzerne	105.782	390.009	713.091	4.706.530	5.376.530
Lin	34	?	387.324	1.455.600	1.503.820
Tabac	3.461	?	15.795	9.547	9.547
Canne à sucre	2.453	21.062	61.273	70.750	70.750
Coton	403	12	879	1.788	1.788
Vigne	3.650	25.654	33.459	122.459	123.027
Arachide	2.388	?	13.475	11.950	11.950
Patate	2.361	?	21.084	48.514	50.350
Haricots	3.745	?	20.801	26.000	26.000
Légumes	—	?	23.559	38.000	39.330
Arbres	—	36.125	204.224	664.711	668.526
Autres cultures	28.492	369.232	48.559	2.145.712	2.145.712
Totaux	358.008	2.459.120	4.892.004	18.755.672	20.358.200 hect.

Quant à la valeur de cette production, elle a été de :

Froment	354.000.000
Maïs	156.000.000
Lin	94.000.000
Avoine	35.000.000
Orge	2.900.000
Seigle, Millet, Riz, etc	3.600.080
Coton, Jute, etc	700.000
Ricin, Arachide, etc	2.000.000
Canne à sucre	20.000.000
Raisin	72.000.000
Tabac	3.340.000
Luzerne	55.000.000
Total	798.540.000 Pesos (1)

L'exportation de ces produits est considérable ; la voici en tonnes :

Années	Maïs	Lin	Froment	Crucifères	Farines
1904	2.469.504	880.541	2.304.724	154.456	107.298
1905	2.222.289	654.792	2.868.281	196.664	144.760
1906	2.693.739	530.496	2.247.988	178.517	128.998
1907	1.276.732	763.736	2.680.802	209.125	127.499
1908	1.711.803	1.055.649	3.636.293	208.309	113.500
1909	2.273.412	887.222	2.514.130	207.238	116.487
1910	2.500.000	600.000	2.200.000	250.777	115.408

Au Brésil, on trouvait également des échantillons de plantes farineuses alimentaires, avec une prédominance pour les haricots et pour le riz (particulièrement marquée pour celui-ci dans les Etats de Rio Grande do Sul et de Sao Paulo).

La culture du blé a en effet été négligée au Brésil depuis de longues années, le peuple brésilien ayant remplacé presque complètement le pain par la farine de manioc. Cependant la consommation du blé et de la farine augmente tous les jours : elle était, pour les blés, de 149.718.856 kilos en 1902, et de 105.590.991 kilos de farine, pour monter en 1907 à 286.516.418 kilos de blé et 170.252.996 kilos de farine.

Le riz au contraire a fait des progrès énormes ; en 1902, on importait 100.984.581 kilos de riz ; en 1907, ce chiffre se réduisait à 11.581.783 kil. Il prospère presque partout, mais surtout dans les Etats du Nord : Maranhão, Para, Amazone et Matto Grosso. Dans l'Etat de Sao Paulo, la récolte est passée de 13.000.000 de litres en 1902 à 101.424.818 litres en 1907 ; l'Etat de Rio fournit aux autres 926.880 kilos de riz et l'Etat de Minas Geraes 8.358.457 kilos. C'est dans ce dernier que la culture est la plus perfectionnée, et l'on y emploie,

(1) Le peso vaut 2 fr. 20.

pour le battage et la décortication, les machines les plus modernes.

Le maïs prospère jusqu'à une altitude de plus de 800 mètres, et on peut l'employer à la fois comme plante alimentaire, comme plante fourragère et comme plante industrielle. Il est surtout cultivé dans les Etats de Maranhão, Pernambuco, Alagôas, Espirito Santo, São Paulo, Santa Catharina, Rio Grande do Sul et Minas Geraes, qui ont fourni aux autres de 1901 à 1905 un total de 422.054.550 kilos, dont 257.703.050 pour celui de Sao Paulo. Le Brésil, cependant, a encore reçu de l'étranger, en 1907, plus de 9.300.000 kilos de maïs.

Les haricots forment, avec le manioc et la viande, la base de la nourriture au Brésil et, quoique élevée, la production, est encore loin de suffire à la consommation (Importation en 1907, près de 9 millions de kilos). La variété la plus répandue est le haricot noir, cultivé surtout dans l'Etat de Rio Grande do Sul.

Le manioc, originaire de l'Amérique du Sud, est produit par des arbrisseaux de la famille des Euphorbiacées, dont il existe plus de quatre-vingts espèces, la plupart croissant au Brésil. La plante sauvage ne possède que des tubercules rudimentaires à sa racine ; mais, par la culture, ceux-ci s'accroissent et deviennent très riches en matières nutritives. On connaît deux espèces de manioc : le manioc doux, dont la farine est peu appréciée, et le manioc amer, vénéneux à l'état naturel, mais qui fournit la meilleure fécule lorsqu'on l'a séparée par une préparation très simple, analogue à celle de la fécule de pomme de terre. La fleur de cette fécule est employée pour la préparation du tapioca : on sait que le tapioca du Brésil est le plus estimé. La consommation du manioc est énorme au Brésil, où sa farine remplace le pain pour une notable partie de la population : on la mange soit à l'état sec, en la mélangeant avec des haricots, de la viande, des ragoûts ou du poisson, soit sous forme de bouillie. Outre la consommation intérieure, le Brésil a exporté, de 1905 à 1907, 16.526.758 kilos de farine de manioc, d'une valeur de 5.131.928 francs.

Deux autres produits sont originaires du Brésil, la patate, qui commence à être consommée en Europe, et l'igname, dont le tubercule peut atteindre le poids de 7 kilos ; leur culture est facile, et celle de l'igname peut fournir 30.000 kilos à l'hectare.

Quant à la pomme de terre, que de Candolle donne comme originaire de Valparaiso, elle s'accommode du climat du Brésil, mais surtout sur les flancs des montagnes ou les plateaux ; aux environs de Rio, on fait deux récoltes par an. Le Brésil a encore importé, en 1907, plus de 18 millions de kilos de ce tubercule.

CHAPITRE II.

Plantes aromatiques, médicinales, pharmaceutiques.

La France, dans des régions diverses, est riche en plantes cultivées constituant des matières premières pour l'industrie de la parfumerie et pour l'art pharmaceutique ; mais il est regrettable qu'alors que les autres cultures ont grandement bénéficié des progrès de la science, celles-ci soient restées dans la majorité des cas tout empiriques, si bien que, pour certaines productions, des pays moins favorisés que le nôtre au point de vue du climat nous ont distancés depuis longtemps. C'est qu'ici, dans beaucoup de cas, la valeur de la matière première ne se mesure pas tant à la quantité qu'à la qualité, et la qualité tend de plus en plus à s'apprécier par des méthodes scientifiques, au rendement en principe actif pour les plantes pharmaceutiques, à la teneur en essence et, surtout, aux caractères de celle-ci pour la parfumerie. Aussi, devient-il indispensable, pour l'une et l'autre catégorie, d'étudier à l'aide du laboratoire les conditions de culture qui influent sur les qualités du produit commercial, pour amener son amélioration, d'où découle, souvent, pour le prix de vente, une majoration qui peut atteindre des proportions considérables.

Certes, ceci n'est pas, la plupart du temps, à la portée des petits cultivateurs, mais, dans certaines régions tout au moins, le groupement pourrait leur fournir les moyens de procéder avec une méthode plus rigoureuse, surtout par une collaboration plus ou moins étroite avec l'industriel, qui possède la compétence nécessaire et doit s'intéresser à l'amélioration de la production.

Nous envisagerons d'abord ce qui a trait aux plantes aromatiques, dont certaines sont également employées en pharmacie, où elles n'ont cependant en général qu'un rôle adjuvant. Dans cette catégorie, d'ailleurs, les exposants ont toujours été peu nombreux : la raison doit en être cherchée dans le peu d'intérêt qui s'attache à l'exposition des plantes qui, desséchées, perdent la plupart de leurs caractères organoleptiques. C'est pour la même raison que les statistiques douanières ne nous apportent aucun renseignement sur le commerce auquel elles donnent lieu, celui-ci n'ayant lieu que sous la forme du produit industriel, pommades, eaux parfumées, essences, ou parfumerie confectionnée ; on ne trouve à cet égard que ceux concernant les citrons, les oranges et leurs variétés, destinés surtout aux usages de la table, et ceux relatifs à l'anis, aux baies de genièvre et au fenouil, employés pour la distillerie. Encore, pour les premiers, ainsi que pour l'anis, les exportations sont-elles infimes, l'inverse se produisant pour les baies de genièvre et le fenouil.

Il est une culture qui mériterait d'être développée dans une large mesure en France, c'est celle de la rose à parfum. Jusqu'ici c'est seulement en vue de l'obtention de la fleur que le rosier est cultivé, particulièrement, comme nous le verrons plus loin, en Seine-et-Marne, en Seine-et-Oise et en Provence ; notons en passant que notre petit voisin, le Luxembourg, exporte annuellement pour un million de francs de rosiers, provenant de cultures qui occupent 175 à 200 hectares.

Or, à l'heure actuelle, la Bulgarie produit par an environ 500 kgrs d'essence de rose, d'une valeur variant de 2.000 à 3.000 francs le kgr. On conçoit l'intérêt qu'il y aurait pour notre commerce de parfumerie, qui en est un grand consommateur, à la trouver chez nous. La chose n'est pas impossible, car il a été constaté que la rose s'accommoderait de beaucoup de terrains du Languedoc actuellement plantés en vignes, dont on connaît le rendement décevant pour les cultivateurs. Bien mieux, on doit aux efforts de M. Gravereaux et de son collaborateur M. Cochet-Cochet, la création de deux variétés nommées Rose à parfum de l'Hay et Roseraie de l'Hay, obtenues par hybridation, d'une multiplication facile et rapide, extrêmement florifères, et dont les fleurs possèdent un parfum très intense. Il est à souhaiter que le rendement industriel de ces rosiers soit assez satisfaisant et que la culture en soit entreprise en grand, car on a calculé, après des essais, qu'on pourrait obtenir par hectare 4 kgr. d'essence, ce qui représenterait un revenu brut moyen de 800 francs par hectare.

La grosse production des plantes à essences est donnée par les départements de la région méditerranéenne, les Alpes-Maritimes et la Corse, le Var s'étant adonné plus spécialement à la culture des fleurs et à la production des oignons à fleurs.

Cependant, l'Ain a 30 à 40 hectares de cultures d'iris de Florence, avec une tendance à la décroissance, à cause de la concurrence des départements plus méridionaux et de l'Italie.

Les Basses-Alpes produisent une grosse quantité de lavande

(150.000 kgrs environ de lavande fauchée, produisant 11.000 à 12.000 kgrs d'essence : c'est à propos de cette récolte surtout que les remarques faites ci-dessus ont toute leur valeur ; la distillation de la plante est faite de manière tout à fait primitive, dans des alambics ambulants et à feu nu, d'où rendement médiocre et altération plus ou moins prononcée des produits obtenus, qui seraient grandement améliorés par un traitement rationnel. Et, cependant, l'essence des fleurs de montagne est extrêmement fine, surtout dans la partie haute et avec les lavandes vraies à floraison tardive. Quel intérêt n'y aurait-il pas en outre à cultiver cette plante au lieu de simplement la récolter, quand on sait que la célèbre région de Mitcham, en Angleterre, fournit des essences de lavande cultivée dont le prix de vente dépasse 100 francs le kgr., alors que celui des essences des Alpes oscille entre 6 et 30 francs suivant les qualités et le cours. Outre la lavande, les Basses-Alpes produisent abondamment le thym, le romarin, l'hysope, plantes utilisées en parfumerie et en pharmacie, et une certaine quantité de menthe à essence.

Les Hautes-Alpes produisent également de la lavande (48 quintaux d'essence en 1909).

L'Ardèche produit du thym (50 quintaux), de la pensée sauvage, de la gentiane, des pommes de pin, de la lavande vraie (1900 quintaux produisant 0,900 à 1 kgr. 300 d'essence par quintal), de la lavande aspic (300 quintaux), du fenouil, donnant 1.500 à 1.800 kgrs à l'hectare (culture en décroissance).

Le Doubs cultive l'absinthe et autres plantes aromatiques (90 hectares, ayant donné, en 1909, 4.050 quintaux).

La Drôme produit également les deux variétés de lavande, et même une variété hybride, de qualité intermédiaire ; comme dans l'Ardèche, la fleur est vendue fraîche aux distillateurs, et non distillée sur place. Le département produit au total 25.000 kgrs d'essence de lavande vraie, 300 d'essence d'aspic et 100 kgrs de l'hybride.

Le Gard a 250 à 300 hectares plantés en fenouil, avec un rendement de 15 quintaux par hectare, vendu 50 francs les 100 kgrs.

Dans le Puy-de-Dôme, on cultive spécialement l'angélique, aux environs de Clermont ; le principal débouché est la confiserie, la pharmacie et la parfumerie n'en consommant que des quantités minimes ; une grosse partie est exportée. Grâce à une culture très raisonnée et très soignée (il faut par exemple deux charges de 80.000 kgrs de fumier par année et par hectare), on arrive à produire des tiges grosses et très parfumées. La production de la banlieue de Clermont est de 250.000 kilogrammes.

Nous retrouvons la même culture dans les Deux-Sèvres, avec une production dix fois moindre.

En Seine-et-Marne, la culture des rosiers est importante (cent hectares, produisant annuellement 4 à 5 millions de rosiers et 3 ou 4 millions de roses); mais elle n'est faite que dans le but de la vente des fleurs. De même, en Seine-et-Oise, pour la rose (Périgny et Mandres) et, surtout, pour la violette (Marcoussis).

Les Alpes-Maritimes nous donnent, par contre, l'exemple d'une production intense ; sans compter les fruits, qui nous intéressent peu en eux-mêmes (près de 11 millions d'oranges, 30 millions de citrons et plus de 5 millions de mandarines en 1906), ce département fournit de nombreuses fleurs aux parfumeurs-distillateurs.

En première ligne, c'est celle de l'oranger bigaradier (orange amère), qui renferme l'essence de néroli ; la récolte atteint annuellement 2 à 3 millions de kilogrammes, vendus de 0 fr. 30 à 0 fr. 60 le kilogr. : les trois quarts vont à Grasse, le reste est travaillé à Cannes, Vallauris, Nice et Menton. Les petites branches et les feuilles fournissent l'essence de petit grain : la production moyenne est de 1.500.000 kgrs, payés 10 francs les 100 kgrs. Enfin, dans une certaine proportion, les fruits du bigaradier sont utilisés à Nice pour leurs écorces : 2.500.000 fruits, dont 500.000 doux sont ainsi traités, produisant 120.000 kgrs d'écorces. La production du département en fleurs d'oranger a été de 16.364 quintaux en 1909.

La culture des rosiers pour la parfumerie est faite sur 650 hectares, avec un rendement de 2.500 à 3.500 kgrs à l'hectare, et un prix de vente variant de 0 fr. 25 à 1 fr. 50 le kgr. : tout va à Grasse.

Grasse récolte les 3/4 du jasmin (450.000 kgrs sur 600.000) et cette culture est en progression, vu le prix atteint par la fleur : 3 francs le kgr.

La violette, qui est cultivée à l'ombre peu intense des oliviers, occupe plus de 100 hectares, et la fleur se vend 2 fr. 50 à 3 francs le kgr.

La cassie est encore un peu plus étendue ; elle donne un rendement de 500 à 1.000 kgrs à l'hectare, payés 5 à 10 francs le kgr.

La récolte de menthe dépasse 1.500.000 kgrs, payés 8 à 10 francs les 100 kgrs, et est transformée en essence à Grasse, 1.000 kgrs donnant environ 1 kgr. 700 d'essence. Nous pouvons, pour la menthe, faire la même remarque que pour la lavande ; les essences de menthe françaises ont un prix de vente moitié moindre que celles du comté anglais de Mitcham.

La production de géranium est voisine de celle de la menthe, tandis que celle de la lavande est un peu moindre.

Enfin, plus de 50 hectares sont cultivés en tubéreuses, avec un rendement de 3.000 kilogr. à l'hectare, et un prix de vente de 3 francs environ le kgr.

Citons encore la jonquille, le réséda et la verveine, qui occupent des surfaces plus restreintes.

La production du Var est beaucoup moins importante ; on n'y trouve guère que 20 hectares plantés en jasmin, 15 en menthe et 15 en plantes variées.

Enfin, le Vaucluse récolte un certain nombre de plantes aromatiques : dans les régions montagneuses, ce sont le romarin, l'aspic, la sarriette, le genièvre, et surtout la lavande, dont la distillation est l'objet de soins spéciaux, à Sault, dans l'arrondissement de Carpentras ; Carpentras et Avignon sont également des centres de distillation de la menthe, qui est de bonne qualité, et qu'utilisent entre autres les fabricants de berlingots de la première ville. En 1909, 4.000 hectares produisaient 1.120 quintaux d'essence de lavande, et 45 hectares 900 quintaux de menthe (plante). En outre, 364 hectares, ensemencés en fenouil, ont donné 6.552 quintaux de cette plante aromatique, produite presque tout entière dans l'arrondissement d'Orange.

La Corse, cependant très favorisée par son climat, ne produit que les arbres fruitiers : orangers, citronniers et, surtout, cédratiers ; ce dernier est surtout répandu dans la presqu'île rocheuse du cap Corse, où les plantations ont été créées sur des terrains cailloutoux et escarpés, en les divisant en terrasses dont la terre est retenue par des murs en pierres sèches. Elle occupe une superficie de 105 hectares, et le port de Bastia a expédié, en 1903, 2 millions de kgrs de cédrats, surtout destinés à Londres et à Livourne ; Porto, Sagone, Ajaccio, Ile Rousse, près de 5.000 quintaux. Une grosse proportion est expédiée à l'état de cédrats confits, mais ce débouché décroît rapidement. La production des citrons est très inférieure à celle des Alpes-Maritimes. Il semble que le moment serait favorable pour le développement de ces cultures en vue de la production des essences, étant donnés les hauts cours que cotent ces essences depuis que les plantations de Sicile et de Calabre ont été ravagées par les tremblements de terre. Pareilles considérations s'appliquent à l'Algérie et à la Tunisie.

En ce qui concerne l'Italie, les statistiques déjà anciennes de 1903-04 accusent, pour l'oranger, le citronnier, etc., l'existence de 16.700.000 plants, produisant environ 52.500.000 centaines de fruits.

On sait, d'autre part, que l'Italie a la prépondérance pour la production de la racine d'iris, originaire de la région de Florence, où elle trouve un sol favorable à la suavité maxima de son parfum. Elle y fait l'objet d'une culture raisonnée, et la province de Toscane arrive à une production de 600.000 kgrs par an.

Deux exposants seulement représentaient cette catégorie des plantes à parfum :

HORS CONCOURS.

TRAMU, à Aix-les-Bains (Savoie).

La maison Tramu, qui a successivement gravi dans les Expositions antérieures toute l'échelle des récompenses, a pour seule base de sa fabrication le cyclamen. Cette fleur, qui croît en abondance en Savoie, y acquiert la plus grande finesse de parfum ; la cueillette en est effectuée en septembre et l'enfleurage est fait immédiatement dans la vaseline, qui dissout tous les principes odoriférants, d'où ils sont extraits par divers procédés, suivant le produit qu'on veut obtenir, essences pour le mouchoir, savon, eaux de toilette, etc.

MÉDAILLE D'ARGENT.

GUIGNIER (Emile), à Bois-Colombes (Seine).

M. Guignier exposait de la menthe cultivée par lui et qu'il utilise pour certains produits pectoraux.

Passons maintenant à ce qui touche les plantes médicinales ; nous insisterons d'abord sur les avantages qui peuvent résulter de leur culture spéciale, étroitement contrôlée par les industriels compétents appelés à les utiliser : 1° traitement immédiat après la récolte ; 2° s'il y a utilité, dessiccation rationnelle, avant tout commencement d'altération ou de fermentation ; 3° écart des risques de falsifications ; 4° direction de la culture de manière à activer en elle la production de la partie ou du principe que des épreuves chimiques ou physiologiques ont prouvé être utiles à l'art de guérir.

Un excellent exemple de cette manière de procéder nous est encore fourni, en Angleterre, par une maison universellement connue, les Usines Chimiques de Burroughs, Wellcome et Cie ; nous empruntons les détails qui suivent à un article du journal *The Chemist and Druggist* (29 janvier 1910) :

« Les terrains utilisés sont au voisinage du village de Darenth (comté de Kent), entre la Tamise et les North Downs, sur un talus onduleux parsemé de bouquets d'arbres et sur lequel on trouve également un bois sauvage, offrant par conséquent en même temps de l'ombre, du soleil, de l'humidité, un bon sol argileux et des hauteurs sablonneuses ; les cultures se font depuis 1904 sous la surveillance de botanistes et de pharmaciens.

« La plus grande partie est consacrée aux plantes principales, c'est-à-dire :

CULTURES « WELLCOME » DE MATERIA MEDICA.

HYDRASTIS CANADENSIS
Cultivé dans des conditions naturelles dans les Cultures 'Wellcome' de Materia Medica, Dartford (Angleterre).

HYDRASTIS CANADENSIS
Cultivé sous un treillis dans les Cultures 'Wellcome' de Materia Medica, Dartford (Angleterre).

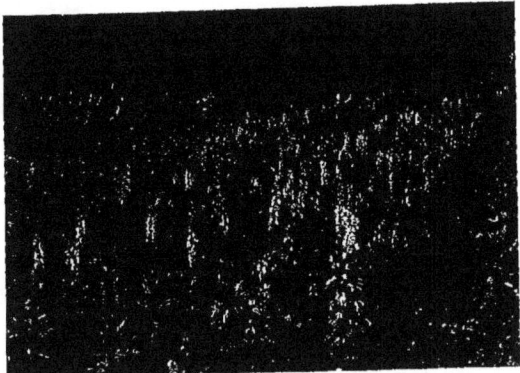

ACONIT EN FLEUR
Cultivé dans les Cultures 'Wellcome' de Materia Medica, Dartford (Angleterre)

L'*Aconitum Napellus*, quand on le cultive en semant la graine, ne fleurit pas avant deux ou trois ans ; la meilleure méthode de culture est par division des racines ; chaque racine est bisannuelle, mais elle en forme de nouvelles chaque année ; la plante elle même est vivace.

GRANDE CIGUE (*Conium maculatum*)
Cultivé dans les Cultures 'Wellcome' de Materia Medica, Dartford (Angleterre).

Buisson typique de grande Ciguë. On récolte les feuilles fraîches et les branches lorsque le fruit commence à se former.

a) La Jusquiame noire (*Hyoscyamus niger*), une des plus difficiles à cultiver; elle se sème en mars ou avril, et les jeunes plantes sortent de terre à la fin de mai ou au commencement de juin. En automne, on les repique si elles sont trop rapprochées les unes des autres. En mai, la tige croît rapidement jusqu'à une hauteur d'environ un mètre; la plante fleurit en juin ou juillet, et on la récolte aussitôt après.

b) La Digitale (*Digitalis purpurea*); pour l'ensemencement, on choisit soigneusement les graines sauvages, en écartant toutes celles qui ne sont pas rigoureusement typiques. Les feuilles sont récoltées et séchées avec précaution; les feuilles fanées ou défectueuses sont rejetées et on emploie seulement les plus belles.

c) Le *Datura meteloides*, dans lequel de récentes recherches ont montré la coexistence de l'hyoscine, de l'hyoscyamine et de l'atropine en proportions différentes de celles qu'on rencontre dans les autres solanées.

d) La Belladone (*Atropa Belladona*), pour la culture de laquelle on sème la graine de la plante sauvage; les meilleures récoltes de feuilles s'obtiennent pendant les seconde, troisième et quatrième années de la croissance de la plante; et c'est pendant cette période que le contenu alcaloïdique est le plus abondant. La récolte varie entre 3 tonnes 1/2 et 12 tonnes par hectare; la plante fraîchement coupée est pesée, mise en bottes et transportée directement aux laboratoires où on dessèche une partie des feuilles, en quelques heures, dans des chambres spéciales ventilées, l'autre partie servant à l'extraction du suc par pression pour la préparation de l'extrait vert. On récolte les racines en automne et on les coupe en tranches de façon à en accélérer le séchage et empêcher toute détérioration.

e) L'Aconit (*Aconitum napellus*), pour lequel la meilleure méthode de culture est la division des racines: chaque racine est bisannuelle, mais elle en forme de nouvelles chaque année; la plante elle-même est annuelle. Au contraire, en semant les graines, elle ne fleurirait que tous les deux ou trois ans.

f) La Grande Ciguë (*Conium maculatum*), dont on récolte les feuilles et les branches quand le fruit commence à se former.

A côté de ces plantes principales, un certain nombre d'espaces sont réservés à des cultures expérimentales de lavande, de menthe, de rose de France, de polygala, de pissenlit, de ginseng, la panacée de la médecine chinoise dont certaines sortes sont réservées aux familles impériales, de *podophyllum peltatum*, de *scopolia atropoides*, de *glaucum luteum*, de *grindelia robusta*. Une des plus intéressantes de ces cultures est celle de l'*Hydrastis canadensis*, dont l'approvisionnement naturel de l'Amérique du Nord est bien près de s'épuiser, si bien que la plante et ses dérivés atteignent aujourd'hui des prix élevés. Elle se fait dans des conditions parfaitement naturelles, dans un bocage ombragé d'ormes et de buissons de ronces, et aussi dans une autre partie, sous un treillis construit spécialement pour reproduire les conditions de son pays d'origine, les bois riches et humides du Canada et de la Caroline ; cette dernière partie donne de meilleures récoltes, la plante étant protégée de la chaleur du milieu de la journée.

Les résultats obtenus dans ces cultures par la maison Burroughs, Wellcome et Cie sont très probants et ont passé depuis longtemps la période d'essais ; au point de vue des recherches, les expériences se poursuivent, portant surtout sur la sélection et la culture des espèces que les épreuves chimiques et physiologiques désignent comme étant les plus actives.

Ajoutons que la maison BURROUGHS WELLCOME, qui avait déjà obtenu de nombreuses récompenses dans les Expositions antérieures, a reçu à Turin huit Grands Prix, deux Diplômes d'honneur et trois Médailles d'Or.

Si, dans cet ordre d'idées, la France s'est laissé quelque peu distancer, nous devons cependant signaler l'initiative d'un exposant français de la Classe 41, la maison BOULANGER-DAUSSE et Cie, toujours en quête des innovations d'ordre scientifique ou pratique dans ce qui touche à son industrie des préparations pharmaceutiques.

Pour ce qui regarde les plantes médicinales, MM. BOULANGER-DAUSSE et Cie se sont proposé un double but : celui d'abord sur lequel nous avons insisté plus haut, l'amélioration de l'activité d'une plante déterminée, en variant les conditions de terrain par l'emploi judicieux et méthodique des divers engrais, puis, se mettre à l'abri de toute substitution ou d'adultération des matières premières ; en effet, trop fréquemment, les plantes médicinales sont fraudées par l'addition de plantes voisines inactives, et cela a une grande importance pour les drogues héroïques, les produits dont elles sont la base devant avoir une teneur déterminée en principe actif. Il n'est pas facile alors d'opérer sur de grosses quantités un tri à la main pour rejeter la plante étrangère, si la fraude peut se dépister à l'œil nu, encore moins de faire un examen microscopique dans le cas contraire.

Dans cet ordre d'idées, MM. BOULANGER-DAUSSE et Cie ont entrepris la culture raisonnée de plusieurs plantes médicinales : Belladone, Datura, Jusquiame, Valériane, Argemone, Bourrache, Chicorée, Absinthe, Mélisse, Euphorbia peplus, Cochlearia, Raifort, Thym, Sauge, etc., etc. Ces cultures sont établies aux confins de la Beauce, près d'Etampes, à Etrechy, dans la ferme de Vintré. Elles comprendront, à la fin 1912, 25 hectares d'excellente terre à blé ; actuellement

CULTURES MÉDICINALES DAUSSE.

Pépinière de Jeunes Plants de Belladone. *Atropa Belladona* L.

CULTURES MÉDICINALES DAUSSE.

Jeunes Plants de Belladone a distance normale de culture. *Atropa Belladona* L.

CULTURES MÉDICINALES DAUSSE.

Récolte du Datura. *Datura Stramonium* L.

(août 1912), 16 sont en plein rapport, et sous peu la totalité des terres sera mise en valeur ; il existe sur le domaine des terrains marécageux et des sous-bois pour la culture des plantes qui aiment l'humidité ou l'ombre. Les vues ci-contre représentent quelques-unes de ces cultures.

Un champ d'expériences est réservé pour les études ; ainsi, il sera permis de se rendre compte de l'opportunité de certaines cultures et de voir l'influence, avantageuse ou non, de cette culture sur l'activité thérapeutique.

La méthode de dessiccation est la partie technique qui a de suite retenu l'attention de MM. Boulanger-Dausse et Cie. Il est incontestable que les moyens actuels, même bien appliqués, sont primitifs. La dessiccation sous des hangars, les plantes étant groupées en chapelets, ne met pas à l'abri d'un commencement d'altération ou de fermentation ; à plus forte raison, si les plantes sont desséchées sans soin, exposées alternativement à l'humidité et au soleil. La question a été résolue par eux par la construction d'un séchoir modèle qui est le premier du genre. Un double couloir, dans lequel circulent des wagonnets, sur lequel sont disposées des claies, avec une mince couche de plante fraîche, est mis en communication, d'un côté avec un foyer produisant une douce chaleur, et de l'autre extrémité avec un ventilateur. Les wagonnets sont introduits dans la partie la plus éloignée du foyer, et avancent graduellement au fur et à mesure de la dessiccation ; cette opération ne demande pas plus de 10 à 12 heures. On obtient ainsi des produits n'ayant subi aucune altération ni fermentation microbienne, et se présentant sous le meilleur aspect.

On voit donc que l'orientation industrielle de la culture des plantes médicinales est aujourd'hui acquise ; jointe aux efforts que nous avons signalés dans le même ordre d'idées pour la rose, elle fait bien augurer de l'avenir, grâce aux conditions favorables du sol français et aux ressources intellectuelles et financières de nos nationaux.

La statistique des importations et exportations de plantes médicinales est peu démonstrative, la nomenclature étant par trop restreinte, puisqu'elle englobe sous une même rubrique les herbes, les fleurs et les feuilles. La voici :

1° Importations.

		QUANTITÉS EN KILOGRAMMES			VALEURS EN FRANCS		
		1909	1908	1907	1909	1908	1907
Racines	Guimauve et althœa.....	2.800	4.500	7.851	2.100	3.170	5.496
	Réglisse.............	2.971.200	2.759.300	4.472.879	1.188.480	1.103.738	1.788.952
	Autres...............	1.440.500	1.164.600	1.470.483	5.041.750	4.076.079	5.146.691
Herbes, fleurs et feuilles.........		1.834.900	1.714.200	1.786.259	4.587.250	4.285.395	4.465.648
Écorces de citrons, d'oranges et de leurs variétés.........		263.000	243.100	189.022	263.000	243.043	189.022
Fruits	Baies d'airelle, de myrtille et de sureau...	3.800	4.200	3.577	1.650	2.096	1.789
	Casse et tamarin........	120.200	205.300	198.381	66.110	112.913	109.110

2° Exportations.

Racines	Guimauve et althœa.....	62.600	30.500	50.725	46.950	22.875	38.044
	Réglisse.............	463.400	505.300	1.013.123	185.360	202.120	405.249
	Autres...............	1.386.600	1.522.100	1.819.425	4.860.100	5.327.350	6.367.987
Herbes, feuilles et fleurs.........		2.175.300	2.226.700	2.839.679	6.788.250	5.566.750	7.099.197
Écorces de citrons, d'oranges et leurs variétés............		50.100	43.900	44.178	50.100	43.900	44.178
Fruits	Baies de sureau, de myrtille et d'airelle.......	18.900	54.000	14.862	9.450	27.000	7.431
	Casse et tamarin........	162.100	133.100	118.440	89.155	73.205	65.142
Autres........................		923.500	—	—	2.770.200	—	—

Avec le tableau comparatif suivant :

	VALEURS			Taux d'accroissement	
	1907	1908	1909	1907-1908	1908-1909
Aux importations........	11.706.708	9.826.434	11.150.340	— 16	13,5
Aux exportations........	14.027.228	11.263.200	14.799.565	— 19,7	31,3
Excédents des importations	— 2.320.520	— 1.436.766	— 3.649.225		

Pour le safran, les chiffres figurent à la statistique douanière pour les valeurs suivantes :

		Quantités en kilog.	Valeurs en francs
Importations en 1909....	Espagne ...	68.800	4.660.500
	Autres pays.	2.900	
		71.700	
Exportations en 1909..................		46.500	3.022.500

L'Aisne est un des départements où la culture des plantes médicinales est assez développée : elle s'y fait surtout aux environs de Coucy-le-Château, notamment à Leuilly-sous-Coucy, Auffique et Nogent, puis à Clamecy, à Chassemy, à Cys, à Saint-Mard et à Fontenoy. La récolte des fleurs de bourrache seule s'élève à 5.000 kilos, avec un prix de vente de 2 fr. 50 à 2 fr. 70 le kilo. Tout est dirigé sur Paris. Voici la nomenclature des plantes cultivées ou récoltées dans les bois, les champs ou les prairies :

1° *Plantes médicinales cultivées*. — Absinthe, armoise, ache odorante, bourrache, belladone, bleuet, bouillon blanc, cataire, chardon bénit, fève des marais, galéga, giroflée, hysope, mélisse, pimprenelle, marrube blanc, sauge, saponaire, thym, verge d'or. Récolte totale : 40.000 kilos environ sur 20 hectares.

2° *Plantes récoltées dans les bois.* — Anémone Sylvie, belladone, benoîte, bouillon blanc, bugle, bec de grue, calament, centaurée, douce-amère, digitale, fougère mâle, genêt, gremil, lierre terrestre, millepertuis, muguet, pulmonaire, pervenche, perce-mousse, ronce, scolopendre, sauge des bois, origan, véronique, valériane. Récolte totale : 20.000 kilos environ.

3° *Plantes récoltées dans les champs*. — Armoise, bourse à pasteur, bardane, buglosse, bryone, gaillet jaune, euphraise, fumeterre, mauve, mélilot, morelle, mercuriale, plantain, prèle des champs, seneçon, serpolet, tussilage, tanaisie, turquette. Récolte totale : 20.000 kilos environ.

4° *Plantes récoltées dans les prairies*. — Consoude, croisette, jacée des prés, pâquerette, prèle des prés, primevère, reine des prés, salicaire, scorsonère. Récolte annuelle : 5.000 kilos.

La Drôme fournit du tilleul : on récolte à Sainte-Jalle, à Vercoiran et à Saint-Auban 4.000 kilos de fleurs sèches ; on y cultive aussi le sureau.

L'Indre-et-Loire cultive la réglisse, mais cette culture, de plus en plus délaissée, n'occupe que douze hectares, produisant 12.000 kilos à l'hectare tous les quatre ou cinq ans (250 quintaux au total en 1909).

Le Loiret a une culture spéciale, celle du safran, surtout développée dans l'arrondissement de Pithiviers (Gâtinais); sa qualité est renommée, parce qu'on y a toujours respecté la qualité, la pureté des produits, qui sont si souvent falsifiés ailleurs, surtout en Espagne. Mais la production a bien baissé depuis la gelée de 1879-1880 et la maladie de la mort qui a atteint cette plante. Il y a vingt-cinq ans, cette culture s'étendait sur 1.200 hectares ; elle n'en occupait plus, il y a quelques années, que 247, donnant 19 quintaux 1/2 de safran, et, en 1909, 68 hectares n'ont produit que 272 quintaux, dont une partie est exportée.

Le safran commercial ne comprend que les stigmates de la fleur du *Crocus sativus*, et il faut environ 100.000 fleurs pour produire 1 kilo de safran. Dès que la corolle est épanouie, on cueille la fleur et on enlève les stigmates, que l'on se hâte de faire sécher sur de petits tamis placés au-dessus de réchauds, après quoi la matière est livrée aux maisons de commerce, qui séparent les stigmates rouges et les filaments jaunes, les classent, les empaquettent, etc.

Dans la Lozère, on récolte une quantité assez importante de cônes de pin, dont 2.500 quintaux sont exportés en Allemagne ; les bourgeons du même arbre sont expédiés à Paris et Montpellier (500 quintaux). Quelques cantons récoltent aussi la gentiane.

En Maine-et-Loire, la culture des plantes médicinales, et particuculièrement des semences de persil, est très développée ; elle occupait, en 1909, 78 hectares, avec une production très variable ; on estime à plus de 100.000 francs par an la valeur des semences de persil vendues pour ce seul département. Les autres plantes récoltées sont la camomille, l'anis vert, l'hysope, la rose rouge, la mélisse, la menthe, la réglisse.

Les plantes médicinales constituent une culture spéciale du département du Nord, où elle est localisée dans la partie Est de l'arrondissement de Valenciennes, limitrophe de la Belgique ; ce sont : la guimauve (170 à 180 hectares, donnant en moyenne 1.200 kilos de racine et 400 kilos de fleurs ; en 1909, la récolte totale a été de 2.293 quintaux de racine et 701 de fleurs); les cultivateurs procèdent eux-mêmes au séchage des racines dans des touailles assez simples, puis les coupent eux-mêmes en rondelles pour la vente, qui se fait aux herboristes en gros des grandes villes de France et, à l'exportation, en Angleterre, en Allemagne, en Belgique, et, même en Amérique ; la mauve (55 à 60 hectares, produisant en moyenne 600 kilos de fleurs ; récolte totale, en 1909 : 333 quintaux de fleurs, 352 de racines) ; le bouillon blanc (20 à 25 hectares, avec un rendement de 500 kilos ; en 1909, récolte totale : 347 quintaux); et la camomille (2 à 3 hectares, donnant 800 kilos de fleurs ; en 1909, récolte totale : 30 quintaux). Citons encore la chicorée, mais son emploi pharmaceutique est peu étendu, alors que son utilisation industrielle, comme succédané du café, est d'une importance croissante.

Aux environs de Paris, en Seine, Seine-et-Oise, Seine-et-Marne, Oise, la culture des plantes médicinales est assez développée avec les centres de Milly, Orly, Oudan, St-Just, (le département de S.-et-O., à lui seul, a produit 1411 quintaux en 1909) et il se tient à Paris, aux Halles, le mercredi et le samedi, un marché des plantes médicinales. Ce sont surtout la menthe, la mélisse, le pavot, l'absinthe, l'armoise, la belladone, l'hysope, le stramonium, etc.

Ajoutons encore que les départements de Bretagne produisent le chiendent, le coquelicot, le tussilage, la digitale, la ciguë, le fucus (plante marine), etc. ; ceux de la région Vosgienne, la digitale, le bouillon blanc, l'aconit, l'arnica, la gentiane ; la Gironde et les Landes, dans toute la région landaise, le pin maritime, qui fournit la térébenthine, la colophane, la poix, le goudron de bois ; la Charente, la Charente-Inférieure et la Vendée produisent en abondance les graines de lin et de moutarde ; enfin, dans le Puy-de-Dôme, on récolte l'arnica, l'absinthe, l'armoise, le bouillon-blanc, la gentiane, la pensée sauvage et la violette.

Nous devons dire maintenant quelques mots d'une catégorie de plantes médicinales cultivées, qui, au premier abord, ne semblent présenter aucun rapprochement avec les précédentes, et qui cependant s'y rattachent avec la plus grande logique : il s'agit des ferments, ces infiniments petits qui ont aujourd'hui des applications médicinales fort étendues pour certaines d'entre elles.

Leur origine botanique est parfaitement établie, et leur propagation artificielle se fait par une véritable culture, avec cet avantage considérable sur les productions agricoles, qu'avec certaines précautions bien établies et faciles à réaliser, on obtient des cultures absolument pures, à l'abri de l'invasion des parasites.

Le terrain, qu'on appelle milieu de culture, est liquide ou solide, et sa composition, élective pour chacun d'eux, emprunte au règne minéral et au règne organique les éléments que l'expérimentation a montrés le plus favorables à son développement ; l'intervention des saisons, du soleil, de la pluie, ne joue plus aucun rôle : seule, une température appropriée, obtenue d'une manière constante dans des étuves ou des chambres de chauffe, suffit pour obtenir rapidement, en quelques heures ou au plus quelques jours, la récolte.

Mais, si le cultivateur peut considérer d'un œil jaloux cette facilité de production, c'est avec commisération qu'il envisage le produit de la récolte, à laquelle suffit une balance de laboratoire. Il n'en est pas moins vrai qu'au point de vue thérapeutique, la quantité pondérable n'est rien, et que ces levures jouent aujourd'hui dans l'art de guérir un rôle important, comme aussi leurs congénères pathogènes amènent dans l'économie des désordres d'une gravité disproportionnée avec leurs dimensions. Nous trouverons dans ce chapitre un certain nombre d'exposants se livrant à la production de ces ferments thérapeutiques.

HORS CONCOURS.

Ch. COUTURIEUX, 57, Avenue d'Antin, à Paris.

M. COUTURIEUX fut précisément l'initiateur de la préparation dans un but médicinal des levures, et son exposition y était tout entière consacrée, soit à leur état pur, comme la levure de bière (Levurine), la levure de cidre (Cidrase), la levure de vin (Œnase), le ferment lactique (Lactymase), soit sous celui de leurs éléments actifs (Levurine extractive, Cytuline), soit enfin en association avec des éléments minéraux dont la levure facilite l'assimilation par l'organisme (Iodurase, à base d'iodure de potassium et de levure de bière,— Bromiase, à base de bromure de potassium et de la même).

MIDY, 9, rue du C^t Rivière, à Paris.

La maison MIDY, une des plus importantes fabriques de produits pharmaceutiques françaises, utilise un grand nombre de plantes médicinales, qui faisaient l'ornement de sa vitrine par le choix des échantillons et leur arrangement : semences de colchique, écorces de *Betula lenta* et de *Cascara sagrada*, feuilles de Coca, noix de Kola, semences de *Geranium Robertianum* et de *Sizygium Jambolanum*, ferment lactique, etc.

L. THOUVENIN (D^r), à Bonnelles (S.-et-O.).

L'exposition du Dr THOUVENIN présentait un grand intérêt ; principalement consacrée à l'ergot du seigle, on y trouvait une gerbe de cette céréale montrant les différentes phases de l'envahissement du grain par le parasite, qui arrive à s'y substituer totalement. Ajoutons que le Dr THOUVENIN est l'auteur d'un procédé simple de déceler la présence de ce champignon toxique dans les farines et de plusieurs modes de conservation de l'ergot, qui devient facilement inactif.

GRAND PRIX.

F. BOUSQUET (D^r), 140, Faubourg Saint-Honoré, à Paris.

Nous avions réuni dans notre vitrine diverses variétés de plantes médicinales de grande activité : l'aconit, dont les feuilles et les racines fournissent à l'art médical des préparations journellement employées, de la drosera, du pavot à opium, dont la culture est très prospère dans l'Asie Mineure, la Perse, l'Inde, etc., et dont le suc est une ressource précieuse pour la thérapeutique, tant par elle-même que par les alcaloïdes, naturels ou dérivés, que l'on en tire ; des spécimens des diverses variétés d'opium complétaient cette exposition.

BEYTOUT et CISTERNES, 4, Faubourg Poissonnière, à Paris.

Dans la vitrine de MM. BEYTOUT et CISTERNES, ce sont surtout les plantes médicinales d'emploi populaire que nous trouvons : petite centaurée, feuilles et racines de saponaire, fleurs et capitules de pensées sauvages. Leurs propriétés laxatives font de leur association un mélange connu sous le nom de Tisane des Trappistes qui jouit d'une vogue croissante.

BOULANGER, 4, rue Aubriot, à Paris.

Dans le préambule de ce chapitre, nous avons donné des détails circonstanciés sur les efforts faits par la maison BOULANGER-DAUSSE, dont M. BOULANGER est le Directeur, dans ce domaine encore trop peu exploré de la culture des plantes médicinales ; nous n'y reviendrons pas.

Nous ajouterons seulement que M. BOULANGER a d'autres titres méritoires comme exposant dans les Classes agricoles, car il a tenté de cultiver artificiellement la truffe dans la région parisienne. Ses essais ont été faits sur une surface de 55 hectares d'un seul tenant, sur les côteaux de la vallée de la Juine, dont le sol est constitué par le calcaire de la Beauce sous lequel se trouvent immédiatement les sables blancs de Fontainebleau.

Actuellement, 20.000 pieds âgés de chêne et 10.000 jeunes plants ont été ensemencés, et, en 1911, la récolte a commencé sur quelques centaines d'arbres ; elle fut nulle dans l'hiver 1911-12 à cause de la sécheresse exagérée de l'été précédent. Souhaitons à M. BOULANGER de voir, avec des saisons normales, sa production entrer en activité et le succès récompenser son intelligente initiative.

F. BOUTY, 3 bis, rue de Dunkerque, à Paris.

C'est plutôt dans le chapitre des déchets animaux que devrait être mentionnée l'exposition de M. BOUTY, mais leurs applications à la thérapeutique nous permet de la ranger à côté des plantes médicinales, car ils sont constitués pour la majeure partie par ces glandes vasculaires sanguines, corps thyroïde, ovaire, capsules surrénales, thymus, hypophyse, corps pituitaire, etc., qui n'ont aucune valeur industrielle et jouent cependant un grand rôle physiologique. Les échantillons montrés par M. BOUTY, soit à l'état de glandes entières desséchées, soit des mêmes réduites en poudre, étaient de tout premier ordre.

COLLECTIVITÉ DES PRODUCTEURS DE PLANTES.

Grâce à leur groupement, les exposants réunis dans cette collectivité avaient réuni à peu près toutes les plantes médicinales cultivées que produit le sol français, en de beaux échantillons qui formaient un ensemble attrayant : les énumérer serait répéter ce que nous avons dit dans les préliminaires de ce chapitre. Voici seulement les noms des exposants ayant pris part à cette collectivité, et récompensés en participation :

Anastay, à Marseille (Bouches-du-Rhône).
Andres, à Brest (Finistère).
Arbez, à Bordeaux (Gironde).
Arfeuille, à Epinal (Vosges).
Bailly, à Tarbes (Hautes-Pyrénées).
Bascol, à Pézenas (Hérault).
Beaumes, à Sétif (Algérie).
Bect, à St-Etienne (Loire).
Berthier, à Grenoble (Isère).
Berthier, à Roanne (Loire).
Blanc, à Tulle (Corrèze).
Blanchard, à Nice (Alpes-Maritimes).
Bobo, à Albi (Tarn).
Bouthelier, à Lorient (Morbihan).
Brindeau (Cecille, successeur), à Angers (Maine-et-Loire).
Bros, à Melun (Seine-et-Marne).
Cazaumayou, à Dax (Landes).
Chabre, à Toulon (Var).
Charlier, à Périgueux (Dordogne).
Chartier, à Bergerac (Dordogne).
Choulet, à Béziers (Hérault).

— 59 —

Constantin, à Laval (Mayenne).
Cortial, le Puy (Haute-Loire).
Coupechoux, à Nevers (Nièvre).
Cros, à Clermont-Ferrand (Puy-de-Dôme).
Dalichoux, à Montpellier (Hérault).
Danet, à Saint-Brieuc (Côtes-du-Nord).
David, à Grasse (Alpes-Maritimes).
Delaoutre, à Douai (Nord).
Delidon et Nadeau, à Nancy (Meurthe-et-Moselle).
Desmales, à Vienne (Isère).
Dhelin et Beauvalon, à Cherbourg (Manche).
Dornier, à Chalon-sur-Saône (Saône-et-Loire).
Dreux (de), à Soissons (Aisne).
Dubouis, à Orléans (Loiret).
Dumayne, à Perpignan (Pyrénées-Orientales).
Dupuy, à Narbonne (Aude).
Farceix, à Mâcon (Saône-et-Loire).
Favre, à Nîmes (Gard).
Forcand et Cailloux, à Saintes (Charente-Inférieure).
Fournier, à Cahors (Lot).
Fourton et Patriarche, à Clermont-Ferrand (Puy-de-Dôme).
Galaine, à Rennes (Ille-et-Vilaine).
Gallo, à Aurillac (Cantal).
Gaudichard, à Châtellerault (Vienne).
Genevois, à Annecy (Haute-Savoie).
Girard et Lemellan, à Troyes (Aude).
Gourbillon, à Romorantin (Loir-et-Cher).
Gourland, à Bourg (Ain).
Gros, à Mende (Lozère).
Guerraud, à Constantine (Algérie).
Guillins, aux Abrets (Isère).
Guyard, à Caen (Calvados).
Héraud, à Aubagne (Bouche-du-Rhône).
Joubert, à Angoulême (Charente).
Lacoste, à Auch (Gers).
Laporte, à Bordeaux (Gironde).
Larroque, à Niort (Deux-Sèvres).
Lefour, à Guéret (Creuse).
Laurent, à Arcachon (Gironde).
Léger, à Amiens (Somme).
Legrand, à Lons-le-Saunier (Jura).
Legros, à Limoges (Haute-Vienne).

Lévigne, à Lyon (Rhône).
Locquette, à Alais (Gard).
Lobry, à Lille (Nord).
Loubiou, à Montauban (Tarn-et-Garonne).
Malaret, à Thiers (Puy-de-Dôme).
Malitourne, à Montaillac.
Maltet et Mylvoye, à Rouen (Seine-Inférieure).
Martineau, à Avignon (Vaucluse).
Mauron, à Millau (Aveyron).
Maussion, à Nantes (Loire-Inférieure).
Maymat, à Brive (Corrèze).
Mouillaud, à Riom (Puy-de-Dôme).
Papet et Payet, à Dijon (Côte-d'Or).
Passerieux, à Nice (Alpes-Maritimes).
Paulin et Giraud, à Tours (Indre-et-Loire).
Pavy, à la Rochelle (Charente-Inférieure).
Pelletan, à Laval (Mayenne).
Perrochon, à Valence (Drôme).
Pigeon, à Granville (Manche).
Poncet, à Montélimar (Drôme).
Pottier, au Mans (Sarthe).
Prats, à Cette (Hérault).
Puy, à Poitiers (Vienne).
Rapin, à Vichy (Allier).
Ravoux (Léon), à Avignon (Vaucluse).
Ricardou, à Cannes (Alpes-Maritimes).
Rivière, à Bordeaux (Gironde).
Romanetto, à Annonay (Ardèche).
Rouquet, à Agen (Lot-et-Garonne).
Saget, à Oran.
Sanson, à Reims (Marne).
Sassard, à Saint-Dié (Vosges).
Simon, à Blois (Loir-et-Cher).
Taupin et Dabezies, à Biarritz (Basses-Pyrénées).
Thomas, à Toulouse (Haute-Garonne).
Trouillet, à Rodez (Aveyron).
Villanova, à Monte-Carlo.

FAMELART, 11, rue Ferdinand Duval, à Paris.

Comme dans les expositions précédentes, M. FAMELART, qui s'est adonné spécialement à l'herboristerie médicinale, montrait un grand choix des plantes cultivées en France pour la pharmacie ; citons particulièrement de beaux échantillons des suivantes, soit en fleurs ou capitules, soit en feuilles, soit en racines, suivant la partie usitée : camomille, petite centaurée, coquelicots, digitale, douce amère, eucalyptus, guimauve, mauve, noyer, oranger, pensée sauvage, sureau, tilleul, valériane, violette, etc.

JOSSET Frères, 116, rue La Boétie, à Paris.

C'est principalement au pin maritime, dont l'écorce gemmée a des applications particulières à l'art de guérir, que MM. Josset frères avaient consacré leur vitrine, qui renfermait également des échantillons sélectionnés de Tilleul de la Meuse. De cette écorce gemmée, ils retirent par distillation une eau concentrée, aromatique, à laquelle ils ont donné le nom d'Hydrogemmine.

KŒHLY, 74, rue Rodier, à Paris.

M. KŒHLY s'intéresse surtout aux plantes à propriétés laxatives, les unes renfermant des principes à action cathartique, comme la rhubarbe, le séné, le ricin ; les autres, comme la moutarde, jouant le même rôle par une action mécanique ; les spécimens exposés étaient dignes d'attention.

MARIUS et LÉVY, 132, Faubourg Poissonnière, à Paris.

MM. Marius et Lévy dirigent une importante maison d'importation et d'exportation, et possèdent des succursales à Manaos (Brésil), à Iquitos (Pérou), à Soledad (Pérou) et à Remate de Males (Brésil), dont le service est effectué par une flottille de quinze bateaux à vapeur. Aussi, exportent-ils dans ces différentes régions toutes sortes de marchandises françaises, en tirant en retour des matières premières variées : huile de copahu, fèves Tonka, guarana, muirapuama, salsepareille, caoutchouc, cacao, châtaignes, piassava, noix de corozo, plantes médicinales variées, pour une valeur atteignant deux millions de francs.

L'exposition de ces plantes médicinales était fort intéressante.

RAYNAUD, 30 bis, avenue Daumesnil, à Paris.

M. Raynaud, Directeur de la Société Générale de Droguerie Française, avait fait une fort belle série d'échantillons de plantes médicinales. C'est en outre à ses efforts qu'était due la belle exposition de l'importante Collectivité des Producteurs de plantes, déjà citée. Si l'on se rappelle que c'est grâce à ses soins qu'à Bruxelles fut érigé le stand si intéressant de la Chambre de Commerce de Bayonne, et que, dans les précédentes manifestations internationales, sa collaboration avait été également précieuse, on applaudira à la distinction de Chevalier de la Légion d'Honneur qui lui a été conférée à la suite de celle de Turin.

DIPLOMES D'HONNEUR.

ARNAL (Dr), 14, Avenue des Termes, à Paris.

La vitrine de M. le Dr ARNAL se faisait remarquer par la recherche de son arrangement; elle comprenait des plantes médicinales variées, eucalyptus en branche, fleurs de violettes, de camomille, de mauves, pétales de roses de Provins, baies de genièvre. Une partie était réservée à des échantillons de plantes marines, parmi lesquelles le *fucus vesiculosus*, dont l'utilisation en médecine est basée sur leur richesse en iode, et que le Dr ARNAL fait entrer dans la composition de produits préconisés comme succédané de l'huile de foie de morue.

DERBECQ, 74, Boulevard Beaumarchais, à Paris.

M. DERBECQ exposait principalement des capitules et des sommités fleuries de *Grindelia robusta*, plante originaire du Mexique et des Etats-Unis, dont les propriétés sont utilisées dans la cure des affections respiratoires, et particulièrement de la coqueluche.

FEIGNOUX, 29, rue des Jardiniers, à Montreuil (Seine).

M. FEIGNOUX emploie dans son industrie de la fabrication des extraits pharmaceutiques de nombreuses plantes médicinales, et exposait de beaux échantillons de *cascara sagrada*, de coca, de cola, de *rhamnus frangula*, de quinquinas rouges cultivés, etc.

FLACH, 8, rue de la Cossonnerie, à Paris.

Dans une vitrine d'un bel arrangement, M. FLACH avait rassemblé une riche collection de diverses variétés de quinquinas cultivés, qui se sont substitués aujourd'hui aux quinquinas sauvages dans la pratique. A ceux-ci étaient joints des spécimens de diverses plantes indigènes, camomille, coloquinte, guimauve, mélisse, menthe, etc.

J.-M. RICARDOU, à Cannes (Alpes-Maritimes).

M. RICARDOU avait rassemblé dans son exposition divers échantillons de la flore des Alpes, qui sont la base de ses préparations faites soit à Brides (Savoie), soit dans son laboratoire de Cannes.

MÉDAILLES D'OR.

BERGER, à La Varenne-Saint-Hilaire (Seine).

M. Berger avait réuni dans sa vitrine divers spécimens de plantes médicinales à propriétés vulnéraires qui entrent dans la composition de ses préparations pharmaceutiques. Leur arrangement dans de vieux vases de faïence, était particulièrement séduisant. Citons en outre des échantillons de graines de ricin.

P. BOUCARD (Dr), 112, rue La Boétie, à Paris.

Comme M. Couturieux, c'est à la flore des infiniment petits que s'intéresse surtout le Dr Boucard, et, parmi eux, c'est à un ferment figuré, le *bacille lactique*. On sait qu'aujourd'hui l'emploi de celui-ci dans la thérapeutique est très répandu, dans le but de substituer aux fermentations anormales du tube digestif, cause des entérites aiguës et chroniques, de certaines dermatoses, un milieu favorable au rétablissement des fonctions naturelles. Il est nécessaire, à cet effet, d'avoir toujours des cultures pures et, à cet égard, les préparations du Dr Boucard, par les soins apportés dans leur développement et dans la fabrication subséquente, sont tout à fait dignes d'éloges.

Collectivité de la SOCIÉTÉ SCIENTIFIQUE DES PHARMACIENS DU SUD-EST, à Montpellier (Hérault).

Cette Société, dont le Président est M. Marie (Augustin), à Avignon, comptait encore, comme exposants :

MM. Fortuné, à Béziers, *Vice-Président*.
    Agier, à Avignon, *Secrétaire*.
    Boissier, à Montpellier, *Administrateur-délégué*.
    Morleau, à Montpellier, *Administrateur-adjoint*.

    Albiges (Dr), à Montpellier
    Baudassé, à Montpellier
    Chauvet, à Avignon
    Dumas, à Montpellier   } *Administrateurs*.
    Garnal (Dr), à Nîmes
    Lautier,
    Maldès (Dr), à Montpellier
    Verdal, à Narbonne

***DURET et RABY,** à Marly-le-Roi (S.-et-O.).*

C'est un groupement qui fournit, dans l'importante région du Sud-Est, un certain nombre de produits aux pharmaciens qui y exercent, et met en œuvre par cela même une grande variété de plantes médicinales, dont sa vitrine montrait de nombreux spécimens.

***DELOUCHE,** 2, Place Vendôme, à Paris.*

M. Delouche utilise principalement des plantes purgatives de la famille des Rhamnées et de celle des Polygonées : aussi, montrait-il des échantillons de *Rhamnus frangula*, *Rhamnus purshiana* (*Cascara Sagrada*), *Podophyllum peltatum*, *Rheum peltatum*.

L'exposition de MM. Duret et Raby se rapproche de la précédente ; mais ils associent en outre, dans leurs préparations, les Rhamnées à un produit originaire des îles de l'Océan Pacifique, l'*agar agar*, substance gélatineuse retirée de plusieurs variétés d'algues, et qui a aujourd'hui un large emploi en thérapeutique, comme adjuvant mécanique de la médication laxative.

***GIRARD,** 20, rue Saint-Lazare, à Paris.*

***LAPEYRE,** à Capelle-Saint-Martin, près Rodez (Aveyron).*

Ces deux exposants étaient les seuls à montrer des herbiers d'amateurs, consacrés pour la plus grande partie aux plantes médicinales ; ces herbiers, qu'on avait pu déjà voir à l'Exposition précédente, s'étaient enrichis depuis de nouvelles espèces, complétant un mode d'enseignement qui mériterait d'être plus répandu.

***MARIE (Augustin),** à Avignon (Vaucluse).*

M. Augustin Marie, que nous avons déjà eu l'occasion de citer à propos de la Société Scientifique des Pharmaciens du Sud-Est, dont il est le Président, avait en outre une exposition particulière, consacrée à ses travaux personnels. Nous avons déjà eu l'occasion, dans notre Rapport de l'Exposition de Bruxelles, de mentionner un intéressant ouvrage : L'Agriculture, l'Horticulture, la Viticulture, la Sylviculture dans le Département de Vaucluse. Dans sa vitrine, on pouvait remarquer des coupes micrographiques avec mycélium de truffes, du bois de camphrier, un hypogé d'acacia, des photographies se rapportant à la formation des hypogés, des quinquinas gris et jaunes, des fleurs de labiées, des truffes suspendues à leurs radicelles, contrairement au principe qui veut qu'elles soient détachées de bonne heure, etc.

MÉDAILLES D'ARGENT.

LAFONT (Arthur), à Dijon (Côte-d'Or).
Plantes pharmaceutiques. — Kola.

MARESSE, 41 bis, Boulevard de la Tour Maubourg, à Paris.
Plantes médicinales : quinquina cultivé, petite centaurée.

MONAL frères, à Nancy (M.-et-M.).
Plantes médicinales cultivées.

RAVENEL, rue Vaneau, à Paris.
Plantes pharmaceutiques cultivées douées de propriétés antirhumatismales.

ROCHER, 41, rue d'Auteuil, à Paris.
M. RAVENEL avait exposé différentes plantes qui entrent dans la composition de ses produits pharmaceutiques : jalap, scammonée, turbith, salsepareille, rhubarbe de Chine, gentiane, etc.

SOCIÉTÉ GÉNÉRALE DE DROGUERIE FRANÇAISE, 6, rue de Thorigny, à Paris.
La Société Générale de Droguerie Française, dont M. RAYNAUD, cité plus haut, est le Directeur, est un important groupement de pharmaciens français. Gros consommateur, par conséquent, de plantes médicinales, son exposition en montrait de nombreux autant que choisis échantillons.

MÉDAILLES DE BRONZE.

BRUNEAU, à Milly (S.-et-O.).
Plantes médicinales cultivées.

CHAVANNES de la GIRAUDIÈRE (de), à Limours (S.-et-O.).
Plantes médicinales cultivées.

JAMOT, 42, Avenue Montaigne, à Paris.

Plantes pharmaceutiques cultivées.

LEFEBVRE, à Rouen (Seine-Inférieure).

Plantes médicinales cultivées : feuilles et follicules de séné.

MADELÉNAT, à Orly (Seine).

Plantes médicinales cultivées.

MORIN-BARRAL, à Milly (S.-et-O.).

Plantes médicinales cultivées.

NOAILLES, à Leignes (Côte-d'Or).

Plantes médicinales cultivées.

PARANT, à Leuilly-sous-Coucy-le-Château (Aisne).

Plantes médicinales cultivées.

PICARD, à Orly (Seine).

Plantes médicinales cultivées.

TORAUDE, à Asnières (Seine).

Plantes pharmaceutiques cultivées.

MENTIONS HONORABLES.

BELLEMIN, 22, rue Lamartine, à Paris.

Plantes pharmaceutiques.

MILLET, à Rambouillet (S.-et-O.).

Plantes pharmaceutiques.

Les plantes aromatiques et les plantes médicinales étaient très peu représentées à Turin dans les autres sections nationales. Nous avons eu à mentionner, dans le préambule de ce chapitre, les cultures de la maison Burroughs, Welcome, de Londres ; il ne nous reste guère à citer que l'importante collection d'échantillons réunie dans le pavillon des États-Unis du Brésil, comprenant un grand nombre de plantes qui sont inconnues dans la matière médicale européenne, qui y trouvera sans doute dans l'avenir maints emprunts intéressants à faire, si l'on songe que la flore du Brésil comporte plus de 30.000 espèces. Ces échantillons, pour la plupart remarquables, provenaient de toutes les régions du Brésil, exposés soit par des municipalités ou des organisations officielles, soit par des particuliers : municipalités d'Entre Montes, de Penedo, de Santa Luzia di Norte (État d'Alagôas), municipalités d'Abrantes, de Camamù, de Monte Santo, de Remedios (État de Bahia), M. Campos Heitar, Musée commercial de Rio, Société Nationale d'agriculture (État de Rio), MM. Faustino Antonio Alves, José Mentor Guilherme de Mello (État de Maranhão), MM. Joaquim C. de Caldos, Joaquim S. Cerquera, municipalités de Livramento, de Miranda et de Poconé (État de Matto Grosso), Gouvernement de l'État de Minas, municipalités de Januaria, de S.-Francisco, de Taquarami (État de Minas Geraes), MM. A.-M. Madeira Pinheiro, C.-A. Pinheiro, Theotonio Campos, I. Gaia di Souza, João Batalha, Laudemiro Ribeiro de Lemos, Intendances municipales de Alemquer, de Almeirim, de Baião, de Bragança, de Curuçá, de Marapanim, de Ourem, de Santarém, de S. Miguel do Guamá, de Vigia (État de Para), MM. Antonio A. Bezerra, Municipalités de Alagôa Nova, de Bananoiras, d'Espirito Santo, d'Ingá, de Miresicordia (État de Parahyba del Norte), MM. Domingos Duarte Velloso, municipalités de Assunguy, de Bocayuva, de Campo Largo, de Clevelandia, de Conchas, de Deodoro, de Guaratuba, de Palmas, de Paranaguá, de Rio Branco, de Tamandaré, de Triumpho (État de Paraná), MM. Francisco de Salles Villa Nova Mello, H. Cavalcanti (État de Pernambuco), MM. Amandio Thomas Espindola, Municipalités d'Ararangua, de Brusque, de Camboriú, de Curitybanos, d'Itajahy, de Rio Negro, Superintendance de Curitibanos (État de Santa Catharina), MM. Antonio Picanço, A. Prado e Silva, F. Neves da Fonseca, João Amazonas de Sá, João Antonio Verçosa, José Arthur Ribeiro, Luiz de Almeida, Luiz Antonio de Freitas, Luiz Marques, Dr Manoel Peretti, U. Rodrigues de Souza, Vidinho Antonio Proque, Intendance de Silves, Société Amazonaise d'Agriculture (État de l'Amazone).

Les principales plantes originaires du Brésil actuellement connues en Europe sont les quinquinas, le guarana, les salsepareilles, l'ipéca et les jaborandis.

CHAPITRE III.

Plantes industrielles diverses.

Nous envisagerons dans ce chapitre les exposants, trop peu nombreux, de plantes fourragères, de plantes fibreuses, de plantes oléifères, etc. ; seule, la catégorie des houblons, grâce à l'activité de M. Emden, était bien représentée. Nous y retrouverons, pour le coton, un certain nombre de nos compatriotes algériens, groupés en collectivités ; l'alfa ne s'y trouvait qu'à peine et, cependant, l'Afrique du Nord est la région d'élection de cette graminée, riche en cellulose, qui donne une pâte à papier remarquable. Elle couvre en Algérie 5000.000 d'hectares, et 2000.000 en Tunisie ; la production algérienne a plus que doublé depuis 1870, mais c'est l'Angleterre qui en absorbe la majeure partie (plus des 3/4, pour environ 17 millions de francs), la France en prenant de moins en moins ; l'Italie consomme, pour sa régie des tabacs, la variété dite *alfa à paille de cigare*.

Mentionnons les quantités exportées en ces neuf dernières années :

Années	En France	A l'étranger
1902	13.380 quintaux	677.831 quintaux
1903	22.464	727.514
1904	44.894	758.239
1905	31.210	810.236
1906	20.026	1.000.504
1907	10.851	978.847
1908	6.313	934.766
1909	5.954	827.138
1910	7.040	917.918

la quantité livrée à l'étranger se répartissant de la manière suivante entre les diverses nations :

Années	Angleterre	Espagne	Portugal	Belgique
1900	819.840	24.935	13.374	11.163
1901	629.785	22.042	14.458	8.704
1902	618.904	30.749	22.000	6.178
1903	672.292	19.717	16.422	14.172
1904	719.000	25.000	5.243	4.874
1905	783.306	30.390	13.963	8.458
1906	942.596	27.163	11.080	15.015
1907	929.214	24.858	12.367	7.682
1908	878.261	24.924	13.836	14.684

Dans le Pavillon de la République Argentine, nous trouvons des expositions ressortissant à ce chapitre constituées sur le même plan que celles de céréales ; ainsi, le lin était représenté par 150 échantillons de la Société Rurale Argentine, 102 de la Bourse de Céréales, 17 du Comité Argentin ; l'arachide par 41 de la Société Rurale Argentine, 14 de la Bourse de Céréales ; le ricin, dont l'huile est devenue un produit plus industriel que pharmaceutique, par 8 de la Société Rurale Argentine, 6 de la Bourse de Céréales ; les cotons et fibres par les échantillons de la Société Rurale Argentine, qui montrait également 19 échantillons de luzerne, plante représentée également par 13 de la Bourse de Céréales. On sait que c'est l'Argentine qui fournit à la tannerie européenne la majeure partie du quebracho qu'elle emploie.

Au Brésil, on pouvait remarquer de beaux échantillons de coton, dont la culture y est en progression, surtout dans les Etats d'Alagoãs, de Céara, de Maranhão, de Parahyba do Norte, de Pernambuco, de Piauhy, de Rio Grande do Norte, de Saõ Paulo, de Sergipe. La production a atteint dans ces Etats, pour la récolte de 1904-05, les chiffres suivants : Pernambuco, 15.865.440 kgrs ; Parahyba, 10.823.647 kgrs ; Maranhaõ, 4.520.000 kgrs ; Rio Grande, 6.379.800 kgrs ; Alagoãs, 5.617.786 kgrs ; Saõ Paulo, 6.000.000 kgrs ; Céara, 4.242.748 kgrs. Il est à noter que, grâce au développement industriel du pays, l'exportation, qui était en 1906 de 31.664.400 kgrs, a décru rapidement et n'atteignait déjà plus en 1908 que 3.564.715 kgrs.

Pour ce qui est des fibres textiles, elles sont encore peu exploitées au Brésil et cependant il faut prévoir qu'à un moment donné l'importation de ces matières premières fera place à un mouvement d'exportation, résultant surtout de plantes originaires du pays, comme le *Guaxima* (Malvacée) très abondant, le *Carrapicho* (*Triumphata semi-triloba*) qui, cultivées sous le nom d'*Aramina*, fournissent des fibres pouvant atteindre 2 m. 70 de longueur ; le *Canhamo Brasiliensis* (Chanvre brésilien), donnant des fibres d'une résistance de moitié supérieure à celles du lin, la *Piteira* (*Foucroya gigantea*,

Amaryllidées) à fibres très élastiques ; le *Carnaubeira*, le *Tucum*, le *Cocotier*, le *Piassava*, largement exporté en Allemagne et en Angleterre pour la fabrication des balais, paillassons, câbles, etc.; la *Paina*, analogue au *Kapok*, auquel elle est même supérieure, et très abondante dans les États de Rio et de Pernambuco.

Nombreux également sont les végétaux tannifères du Brésil ; citons le *Barbatimão* et l'*Angico vermelho*, légumineuses renfermant 30 à 40 % de tanin, le *Vinhatico do Campo*, le *Granna*, le *Garapia-punha* et, surtout, les *Palétuviers* ou mangues, très abondants sur les côtes, et dont la tannerie utilise à la fois l'écorce et les feuilles.

Les plantes oléagineuses du Brésil présentent aussi un grand intérêt ; le ricin y a trouvé des conditions de sol et de climat si favorables que, quoique sa culture y ait été importée, il s'y reproduit spontanément en extrême abondance. Les plantes indigènes sont : le *Castanheiro do Pará* et le *Sapucaia*, dont le fruit est connu sous le nom de *Noix du Brésil* et donne une huile fine, comestible, l'*Andiroba* (Méliacée), fournissant une huile d'éclairage ; la plus importante et la plus précieuse est le *Carnaubeira*, sorte de palmier dont les racines sont utilisées en médecine, le bois pour la construction, les feuilles pour la couverture des toits de cabanes et comme textiles, la moelle pour la préparation de la fécule, le chou-palmiste et les fruits dans l'alimentation. Les graines sont oléagineuses et c'est à la face interne des feuilles jeunes qu'on recueille la cire de Carnauba, d'applications analogues à la cire d'abeilles. Enfin, le *Cocotier*, dont le nombre atteint au Brésil cent millions, fournit le beurre et l'huile de coprah, si usitée dans l'industrie.

Ainsi que nous le disions ci-dessus, les exposants de houblons formaient un groupe intéressant, et leurs efforts sont particulièrement à encourager, puisque la France en emploie en moyenne annuellement 60.000 quintaux, alors qu'elle n'en produit que 36.000, sur lesquels il en est exporté en Angleterre et en Belgique une quantité variable avec l'importance des récoltes. Ce sont surtout les qualités fines que les brasseurs font venir, comme celles de Spalt, d'Alsace et de Bohême, alors que notre exportation porte plutôt sur les sortes moyennes, provenant de la région du Nord.

Sous le rapport des échanges avec l'Italie, les statistiques douanières de ce pays nous fournissent, pour les plantes industrielles diverses et pour les matières animales, qui ressortissent au Rapport de M. Artus, les chiffres suivants pour l'année 1909 :

	IMPORTATIONS		EXPORTATIONS	
	Quantités en quintaux	Valeur en francs	Quantités en quintaux	Valeur en francs
Houblon........................	3.332	1.416.000	16	6.800
Graines oléagineuses — de ricin,.........	126.684	3.547.152	86	2.408
— de lin............	462.849	17.125.413	1.020	37.740
— de coing et de raisin......	5.211	182.385	8	280
— de sésame et d'arachide......	309.093	12.363.720	292	11.680
— autres............	6.359	178.052	4.879	136.612
Graines non oléagineuses......	163.581	7.361.145	72.936	5.836.480
Huile — de palme..........	70.201	4.633.266	253	16.698
— de coco............	17.031	1.396.542	3	246
Foin.............................	86.323	863.230	419.716	4.197.160
Autres produits végétaux......	167.127	2.506.905	393.653	5.904.795
Graisses autres que de porc....	279.307	20.948.025	13.235	992.625
Cire jaune — brute............	1.073	321.900	1.487	460.970
— préparée..........	181	60.635	170	56.950
Cire blanche — brute............	66	26.400	48	19.440
— préparée..........	67	30.150	878	395.100
Coton en flocon ou en masse,...	1.908.415	243.633.515	1.674	217.620
Laines naturelles — en suint..........	52.296	10.982.160	14.677	4.109.560
— lavées............	55.922	19.572.700	4.619	2.170.930
Déchets de laine................	32.786	10.491.520	5.067	1.368.090
Bourre de laine	529	55.005	1.196	113.620
Crins — bruts............	8.496	2.973.600	6.887	3.099.150
— teints............	1	400	107	42.800
Poils bruts......................	5.631	7.883.600	3.291	197.460

HORS CONCOURS.

EMDEN, 4, rue de Penthièvre, à Paris.

M. EMDEN, administrateur de la Société de distillerie, malterie et brasseries de « La Comète », avait réuni dans sa vitrine une série de fort beaux échantillons de houblons de toutes provenances, et particulièrement des houblons de Lorraine. Participant depuis de longues années aux Expositions et déjà plusieurs fois membre du Jury de la Classe 41, M. EMDEN, grâce à ses relations parmi les producteurs de houblon, avait réussi à en grouper un nombre imposant et à donner du relief à cette partie de l'Exposition.

Aussi, la distinction de Chevalier de la Légion d'honneur qui lui a été conférée à la suite de l'Exposition n'a-t-elle fait que récompenser des services bien acquis.

GRAND PRIX.

COLLECTIVITÉ DES PRODUCTEURS ALGÉRIENS (Département d'Oran).

En participation :

CARRAFANG, Pierre, à Saïda et Mascara.

DREVETON E., à Nemours.

Ces deux exposants sont surtout des producteurs d'alfa (alfa sparterie et alfa papeterie). Chacun d'eux cependant montrait en outre une autre production : M. CARRAFANG, des laines, M. DREVETON, du crin végétal, dont ses usines de Nemours, de Nedromah et de Sidi-Brahim fournissent de grosses quantités, et de qualité très renommée, par suite du procédé employé pour le peignage et le cordage, sous le nom de crin de Nemours.

GUILLON, 8, rue Abel, à Paris.

La vitrine de M. GUILLON était, pour la plus grande partie, formée d'échantillons de fibres de bois, soit naturelles, soit coloriées, base d'une industrie prospère dont il a été l'initiateur en 1886. Dès cette année, la production française fut de 200 tonnes, pour suivre la progression suivante : 1890, 1.500 tonnes ; 1895, 4.200 tonnes ; 1900, 8.500 tonnes ; 1905, 12.700 tonnes ; 1910, 16.000 tonnes.

Les fibres exposées par M. GUILLON, connues sous le nom de « Fibres Parisiennes », proviennent de certains bois de sapin préalablement débités en rondins écorcés ; ceux-ci sont transformés par des machines spéciales en rubans de diverses longueurs, largeurs et épaisseurs dont la souplesse et l'élasticité déterminent la qualité.

Les applications en sont multiples: d'abord, les emballages de toutes sortes ; puis, l'emploi pour la literie, sa première application ; pour la clarification des eaux, jus, sirops, mélasses ; on les tresse également en cordes de plusieurs diamètres pour entourer les grosses pièces mécaniques, les touries, etc., ou préserver les jeunes arbres contre la gelée ou les dégâts causés par le bétail.

M. GUILLON exposait en outre un grand assortiment de graines fourragères récoltées dans ses propriétés.

HIRSCH Frères, 43, rue de Provence, à Paris.

La maison HIRSCH Frères exposait des échantillons de houblons provenant des différents pays de production, qu'elle était particulièrement qualifiée pour présenter, tant à cause de l'importance de ses relations internationales que par l'expérience qu'elle a acquise. On pouvait y remarquer de beaux spécimens de houblons d'Alsace, d'Angleterre, de Belgique, d'Amérique, pour l'étranger et, pour la France, de ceux du Nord, du Pas-de-Calais, de la Côte-d'Or et de Meurthe-et-Moselle.

DIPLOMES D'HONNEUR.

SOCIÉTÉ COOPÉRATIVE COTONNIÈRE DE BONE.

En participation :

    Bertagna, Dominique, à Mondovi.
    Devais, à Duzerville.
    Dubois, à Bône.
    Durand, près Bône.
    Pages, à Bône.
    Payet, à Mondovi.
    Pépin, à Bône.

Cotons de diverses variétés cultivées en Algérie.

SOCIÉTÉ COOPÉRATIVE COTONNIÈRE DE PHILIPPEVILLE.

En participation :

    Barrot, Raymond, à Philippeville.
    Bel, Auguste, à Robertville.
    Bouchonny (de), à Valée.
    Godard, Félix, à Philippeville.
    Jacquier, Auguste, à El-Arrouch.
    Loroyer, Célestin, à El-Arrouch.
    Roth, Jacob, à St-Charles.
    Thacqui, Auguste, à El-Arrouch.

Cotons des diverses variétés cultivées en Algérie.

SOCIÉTÉ AGRICOLE LYONNAISE DU NORD DE L'AFRIQUE.

Cotons, variété Mit-Afifi.

THOUVENIN Albert, à Orsay (S.-et-O.).

Plantes diverses.

WEILL Léopold, à Lunéville (M.-et-M.).

La vitrine de la maison L. Weill comprenait principalement des houblons provenant de replants de Bohême, de Spalt et de Bavière ; ces plants, trouvant en Lorraine des conditions de terrain très favorables, y donnent un produit dont les qualités surpassent celles des plants originaux qui, on le sait, sont universellement renommés.

MÉDAILLES D'OR.

CARRAFANG Pierre, à Saïda et Mascara (Oran).

Membre de la Collectivité des Producteurs Algériens de la province d'Oran (v. ci-dessus).

COLLECTIVITÉ DES PRODUCTEURS DE HOUBLONS DU SYNDICAT AGRICOLE DE LUNÉVILLE (M.-et-M.).

En participation :

MM.

André, H., à Gerbeviller.
Baumgarten, à Blamont.
Bernard, (L.), à Gerbeviller.
Brice (veuve), à Lunéville.
Colin, à Rozelieures.
Collignon, Ch., à Gerbeviller.
Duchamp, à Blamont.
Hérique, A., à Vallois.
Houst, Charles, à Rozelieures.
Jacquemin, L., à Séranville.
Jacquot, à Petit-Mezan.
Jean-Louis, à Gerbeviller.
Joly, Jules, à Gerbeviller.
Joly-Rochefort, à Gerbeviller.
Liégy, maire de Gerbeviller.
Lhuillier, Ed., à Einville.
Marchal, Eugène, à Einville.
Marchal, à Erion.
Marchal, Jules, à Einville.
Honot, à Séranville.
Plaid, Charles, à Erion.
Rency, Charles, à Gerbeviller.
Rosier, Emile, à Gerbeviller.
Stard, Xavier, à Vallois.
Suisse, Paul, à Moncel-lès-Lunéville.

La vitrine occupée par ces nombreux cultivateurs de houblons réunis en collectivité renfermait de fort beaux échantillons de toutes les variétés de houblons cultivées en Lorraine. On sait que la Meurthe-et-Moselle est un des départements les plus riches en houblon, surtout eu égard à sa superficie et, cependant, sa production est encore loin de suffire aux brasseries régionales, qui sont nombreuses et renommées.

DREVETON, *à Nemours (Oran).*

Membre de la Collectivité des Producteurs de la Province d'Oran (v. ci-dessus).

PLESSIS et Cie, *(Le Rivalin), à Paris.*

MM. Plessis et Cie dirigent la maison fondée en 1886 par M. Rivalin, qui se livre à la fabrication de peintures laquées et d'enduits sous-marins. La base de ces produits est constituée par des gommes et des huiles siccatives, qui faisaient l'objet de leur exposition.

MÉDAILLES D'ARGENT.

BERGÉ, *à Chantrelieu, près Lunéville (M.-et-M.).*

Houblons de Lorraine.

BOUGARD Alfred, *à Rillé (I.-et-L.).*

Graines de plantes fourragères.

DANNHAUSER, Isidore, *à Lunéville (M.-et-M.).*

M. Dannhauser s'occupe à la fois du commerce et de la culture du houblon, ce qui lui permet d'occuper son personnel pendant la période de mars à septembre, morte-saison du commerce. Celui-ci porte sur 2 000 quintaux (environ 1.000 quintaux de houblons de Bourgogne et autant de houblons de Lorraine), vendus soit à la brasserie, soit à la droguerie. Son exposition montrait des spécimens de ces diverses variétés et de celles récoltées par ses propres soins.

MAILLARD Charles, *à Lunéville (M.-et-M.).*

Houblons de Lorraine.

PERRIN, *à Thil-Châtel (Côte-d'Or).*

Houblons de Bourgogne.

MÉDAILLES DE BRONZE.

DESNOYERS, à Bonnelles (S.-et-O.).
Plantes médicinales et graines de plantes fourragères.

GENAY Pierre, à Bellevue, près Lunéville (M.-et-M.).
Houblons de Lorraine.

HANS, à Bèze (Côte-d'Or).
Houblons de Bourgogne.

MENTIONS HONORABLES.

DUVIVIER, à la Ferme des Bruyères, commune de Val-St-Germain (Seine-et-Oise).
Plantes diverses.

GANDRILLE Charles, à Bullion (S.-et-O.).
Plantes diverses.

GANDRILLE Edmond, à Ablis (S.-et-O.).
Plantes diverses.

EXPOSITION INTERNATIONALE
DES INDUSTRIES ET DU TRAVAIL
DE TURIN 1911

GROUPE XVI

CLASSE 102 B

Corps gras : Huiles végétales
et animales, Suifs, Cires, etc.

M. C. ARTUS, Rapporteur.

MEMBRES FRANÇAIS DU JURY.

Titulaires :

MM. DESMARAIS, Paul, industriel, à Paris.
MOUSSU, Chef de service au Ministère de l'Agriculture, à Paris.
RIPERT, fabricant de fromages, à Vignory (Hte-Marne).
SCAVINO, fabricant d'huiles d'olive, à Nice.

Suppléants :

MM. ARTUS, Constant, fabricants d'huiles et graisses, à Paris.
DEBENEDETTI, fabricant d'huiles d'olive, à Nice.

HORS-CONCOURS. — MEMBRE DU JURY.

C. ARTUS, 62, rue Tiquetonne, Paris.

Cette maison, qui existe depuis 60 ans environ, a été dirigée par trois générations successives de la même famille, qui, toutes, se sont efforcées d'améliorer cette industrie tant au point de vue de l'hygiène qu'au point de vue de la rapidité du travail, mettant à profit, pour l'hygiène, l'application des dernières découvertes de la Science, et, pour la rapidité au travail, créant de nouvelles machines. C'est ce qui lui a permis de tirer parti de produits de peu de valeur qui, grâce à ces traitements mécaniques, peuvent être livrés à diverses industries, telles que : la filature, la fabrication du savon, le graissage des machines de précision, etc.

Elle exploite deux usines dont la superficie est de 7.000 mètres : une à l'abattoir de La Villette où sont traités les produits comestibles, et une autre, rue du Landy à la Plaine-St-Denis, où sont traités les déchets des abattoirs non comestibles qui sont utilisés par les filatures, la tabletterie et la fabrication des engrais.

La main d'œuvre payée chaque année au personnel s'élève à 350.000 francs

Le service des usines nécessite 6 chaudières à vapeur et une force motrice de 120 HP.

Elle est titulaire de nombreux grands prix aux diverses Expositions universelles dont le premier remonte à l'année 1889. Membre du Jury, Hors Concours, Secrétaire de la Classe 41 en 1900.

DESMARAIS, 42, rue des Mathurins, Paris.

Cette exposition était en tous points remarquable, comme produits d'abord, et comme installation.

On y remarquait, entre autres, une grande variété d'huile de colza clarifiée pour le graissage, d'huile de colza épurée employée à l'éclairage (la marque « Aurore » y était très remarquée).

Les huiles de lin clarifiées cuites au manganèse et d'autres cuites à la litharge sont très employées et estimées pour la peinture.

Tous ces genres sont fabriqués dans les usines du Hâvre, de Colombes (Seine), d'Ivry et de Blaye (Gironde), dont l'importance est considérable et le personnel employé très nombreux.

GRANDS PRIX.

François A. GRELLOU et Cie, 77, rue St-Charles, Paris.

Cette maison expose les huiles qui entrent dans la fabrication des articles qu'elle fabrique et qui sont employés par la médecine et la chirurgie.

Ces huiles sont traitées spécialement, et c'est aux soins multiples qu'elle apporte au traitement de ces différents produits que cette maison doit sa grande réputation ; aussi, le Jury lui a-t-il décerné un Grand Prix.

PLISSON, 65, rue Jean-Jacques Rousseau, Paris.

Huiles.

Les produits exposés et employés par cette maison sont tous choisis avec le plus grand soin; les gommes de première qualité, les huiles de lin fabriquées tout spécialement pour ce genre d'industrie, le soin apporté à la vulcanisation, lui permettent d'obtenir des instruments de chirurgie d'une souplesse remarquable.

TRICOCHE fils, Aubervilliers (Seine).

Maison très ancienne, est une des plus importantes dans ce genre d'industrie. Elle traite et prépare des graisses animales provenant des abattoirs et des boucheries de Paris et de la Province, et, suivant les qualités, les livre soit à la métallurgie, la corroierie, la parfumerie, etc...

M. Tricoche exerce son industrie dans deux usines importantes : l'une est située à Aubervilliers (Seine) et l'autre à Rouen (Seine-Inférieure).

L'usine d'Aubervilliers occupe une superficie de 10.000 mètres ; celle de Rouen a un peu moins d'importance.

Il est traité chaque année par cette maison environ 5.000.000 de kilos de graisses diverses.

Les différentes fabrications nécessitent un nombreux personnel auquel il est payé annuellement 346.000 fr. de main-d'œuvre. Une force motrice de plus de 200 HP est nécessaire pour actionner le matériel de fabrication.

Cette maison obtenait, en 1894, une Médaille d'or à Anvers, un Diplôme d'honneur à Bruxelles en 1910 et le jury de Turin lui a accordé un Grand Prix, juste récompense de l'importance des ses affaires et de ses procédés de fabrication.

VERDIER-DUFOUR et Cie, 251, rue de Crimée, Paris.

Chiffons, os, huiles, etc.

Maison fondée en 1849 par les auteurs de M. Verdier-Dufour qui exploite plusieurs usines où sont traités les déchets de boucherie desquels il retire des graisses dont il transforme une partie en savon dans une de ses usines située à La Courneuve (Seine).

À côté de ses graisses, il expose également de l'huile de cheval provenant d'un clos d'équarrissage qu'il exploite à Aubervilliers (Seine).

SYNDICAT DES BOYAUDIERS DE FRANCE, à Lille (Nord).

Boyaux secs et salés, vernis, suif, sang, matières premières de cette industrie, et leurs applications à l'alimentation, l'industrie, les arts, les sports, la chirurgie, la médecine, la pharmacie, etc., tels que cordes harmoniques, peaux de baudruche et articles confectionnés avec celles-ci, etc.

VINCENT (Maison Bourgeois), 9, Boulevard Denain, Paris.

Engrais, os, albumine pour impression.

DIPLOMES D'HONNEUR.

BAURGARD, 60, rue d'Avron, Paris.

Caoutchouc, baleines.

Expose un joli choix de caoutchouc et de baleine. (L'exposant n'a fourni aucun détail sur son industrie.)

SOCIÉTÉ ANONYME DES SAVONS NEUTRES, 140, route de Flandre, Pantin.

Cette Société soumet au Jury des matières premières transformées par des procédés spéciaux et tirées de divers corps gras en vue d'applications diverses.

Dans son rapport sur l'Exposition franco-britannique (Classe 41-54), M. Emile Perrot, avec sa haute compétence, a décrit d'une façon remarquable cette industrie.

Le Jury a accordé à cet exposant un Diplôme d'honneur.

MÉDAILLE D'OR.

BERTRAND Père et fils, à La Rochelle (Charente-Inférieure).

EXPOSITION INTERNATIONALE
DES INDUSTRIES ET DU TRAVAIL
DE TURIN 1911

GROUPE XVI

CLASSE 86

Météréologie, Géognosie
et Géologie agricoles

M. le Dr THOUVENIN, Rapporteur

INTRODUCTION

Tous les peuples rappellent par des fêtes les dates glorieuses de leur histoire. L'Italie, qui célébra cette année le 50ᵉ anniversaire de son règne, a convié pour cette solennelle commémoration toutes les nations à une grandiose Exposition.

C'est près de notre frontière à Turin, centre commercial et agricole de la Lombardie, que nous avons été conviés à renouveler le succès remporté tout récemment à Milan.

La Commission d'Etudes, composée de MM. Roger Sandoz, président, Bellan, Hetzel, Jeanselme, Masure, etc., d'accord avec notre ambassadeur M. Barrère et notre conseil général M. Pralon, d'accord aussi avec nos Ministres du Commerce et des Affaires Etrangères, s'est mise en rapport avec la Commission exécutive Turinoise que dirigeaient M. Tommasso Villo, M. Bianchi, le Sénateur Rossi, etc.

Après St-Louis, Liège, Milan, le Comité agricole et horticole des Expositions internationales, qui est le collaborateur du Comité Français des Expositions à l'Etranger, s'est assumé la tâche d'organiser et de diriger la participation de l'Agriculture et de l'Horticulture française à Turin.

Sous la présidence et la haute direction de M. Viger, sénateur, ancien Ministre, le Groupe de l'Agriculture s'est activement occupé de recruter des adhésions, — ses membres ont répondu à l'appel de leur Président par un vibrant enthousiasme : la participation française a été formée par 15 classes agricoles et horticoles.

Le Groupe de l'Agriculture occupait au Pilonetto un hall spécial qui abritait nos différentes classes comprenant les matériels agricoles, viticoles et horticoles, les diverses industries agricoles et horticoles et leurs produits ; on trouvait là rassemblés les produits les plus divers pour le plus grand profit des visiteurs.

La disposition intérieure y était parfaite et l'œil pouvait apercevoir l'ensemble de toutes les classes qui y avaient été admirablement groupées par M. Martel, le sympathique Conseil judiciaire et secrétaire de la Présidence.

25 novembre 1911.

Dʳ Thouvenin.

Groupe XVI. — Agriculture.

Classe 86. — Météorologie, Géognosie et Géologie Agricoles

Jurés titulaires :

MM. Auguste STOLTE, Allemagne.
E. R. DOLBY, Angleterre.
Mino ALVES, Brésil.
Enrico de VISART, Argentine.
D' THOUVENIN, France.
Zoltan de SZILASSY, Hongrie.
Oronzo VALENTINI, Italie.
E. LANSON SCRIBNER, Etats-Unis.
Giovanni BOCCARDI, Uruguay.

Juré suppléant :

M. Carl BECKER Allemagne.

Dès sa constitution, le jury a commencé ses opérations, qui se sont poursuivies de la manière la plus courtoise entre les représentants de toutes les nationalités.

Récompenses obtenues par les exposants

HORS CONCOURS

M. BERNEL-BOURETTE, Paris.

GRAND PRIX

M. G. De La BARRE, Paris.

Ministère de l'Agriculture, Direction de l'Hydraulique, Paris.

COLLABORATEURS. — DIPLOME D'HONNEUR

MM. *Directeur de l'Ecole des Osiéristes, Fayl-Billot.*
BOULLÉ, Paris.

MÉDAILLE D'OR

MM. *DODE, Paris.*
BRESSON, Paris.

MÉTÉOROLOGIE

Les observations météorologiques qui consistent à observer la température de l'air, la pression de l'atmosphère et la prédiction du temps, sont du plus grand intérêt pour les cultivateurs, horticulteurs et viticulteurs. Gèlera-t-il cette nuit ? Pourra-t-on un jour prédire le temps comme on annonce le retour des planètes et de certaines comètes ou tout au moins comme on annonce les grandes marées sujettes à quelques variations que n'admettent point les astres ? Les phénomènes de la météorologie sont si compliqués dans le détail qu'il sera bien difficile d'arriver à une grande précision pour chaque point du globe et de prédire les tempêtes, les pluies, les sécheresses, les froids intenses, les grandes chaleurs, etc., si importants, cependant, à connaître pour l'agriculture.

Les pronostics du temps proprement dits sont tirés principalement de la marche du baromètre. Une grande baisse barométrique de 20 millimètres et plus au-dessous de la moyenne indique toujours dans la plus grande partie de la France des vents forts, de la pluie et des temps en général assez longtemps variables.

Ces temps variables arrivent inévitablement si le baromètre a éprouvé plusieurs mouvements de hausse et de baisse d'une grande étendue en peu de temps. En général, la baisse du baromètre pendant les temps clairs indique que le ciel ne tardera pas à se couvrir; la hausse du baromètre indique en général que le temps va se mettre au beau : cette indication, pour être sûre, a besoin d'être le résultat d'un mouvement assez lent, soutenu ; mais elle manque souvent

C'est surtout en été après les grandes pluies qu'une hausse continue du baromètre annonce le retour du beau temps avec la plus grande probabilité. Quand ces caractères sont accompagnés d'un ciel très voilé par un brouillard sec, c'est ordinairement l'annonce de chaleurs prolongées. Les observations de la température de l'air, de la pression de l'atmosphère et la prédiction du temps sont facilitées par divers instruments exposés par M. BERNEL BOURETTE : *Thermomètres, Thermométrographe, Thermomètre-Piquet, Thermo Baromètre, Pagoscope avertisseur de la gelée.*

BERNEL-BOURETTE, Constructeur, 84, Boulevard Beaumarchais, Paris.

La maison de M. BERNEL-BOURETTE, fondée en 1835 par M. H. BOURETTE, inventeur breveté des thermomètres en zinc fondu à inscriptions en relief, est aujourd'hui une des maisons les plus importantes de France pour la fabrication des Thermomètres. Ces instruments sont universellement connus grâce à leur construction rustique, à leur solidité et à la justesse de leurs indications. Ils sont employés de préférence à tous autres partout où les intempéries sont à redouter, car ils sont *toujours lisibles* malgré le soleil, la pluie et la poussière.

Les Agriculteurs, Horticulteurs, Viticulteurs, etc., tous ceux qui ont besoin de connaître la température extérieure, les ont adoptés depuis de longues années dans leurs exploitations agricoles, jardins, serres, orangeries, celliers, caves, etc., en un mot partout où les autres étaient devenus inutilisables à courte échéance.

Le *Pagoscope* semble répondre au problème que nous posions plus haut : gèlera-t-il cette nuit ? Cet appareil est une application du psychromètre, instrument servant à mesurer la tension de la vapeur d'eau dans l'atmosphère, son emploi est extrêmement simple et d'un intérêt pratique pour les cultivateurs, horticulteurs et viticulteurs au printemps et à l'automne, alors que les gelées blanches, que rien ne peut faire prévoir après une chaude et belle journée, causent tant de dégâts à toutes les cultures.

Membre du Jury, M. BERNEL-BOURETTE, déjà titulaire des plus hautes récompenses, était hors concours.

GÉOLOGIE AGRICOLE.

M. Gaston De La BARRE, 137, Boulevard Malesherbes, Paris.

M. G. de la BARRE s'est consacré depuis plus de 30 ans à la production rationnelle et à l'utilisation de l'osier.

Il expose à Turin un meuble en osier établi par les professeurs de notre Ecole Nationale de Fayl-Billot (Haute-Marne).

Ce meuble contient les matières les plus diverses fournies par une seule plante, le saule : objets en osier employés en agriculture, alimentation, ménage, etc....

En envisageant la diversité de ces produits, on se demande comment la culture d'une plante de première nécessité comme le saule a pu être aussi longtemps empirique. Dans son exposition, M. de la Barre a montré au jury international une industrie jusqu'à ce jour insoupçonnée. Il indique, dans sa brochure : *Le producteur d'osiers au XX° siècle*, comment un agriculteur instruit peut, par l'étude des diverses espèces de saule, faire un choix de la plante qui convient le mieux à tel sol en particulier; il nous indique les auteurs français et étrangers qui ont étudié cette question et il y ajoute le résultat de ses expériences personnelles. Par des tableaux, il signale au cultivateur les différents insectes dont les larves sont un danger pour les diverses parties de la plante.

En envisageant seulement ses cultures raisonnées, l'œuvre agricole de M. de la Barre est considérable; mais il ne s'en est pas tenu à la recherche des procédés de culture, il s'est préoccupé également d'en assurer l'écoulement en créant le journal « La Vannerie », qui insère dans son bulletin les offres des producteurs d'osier ; par ce fait, il a contribué puissamment au développement de cette industrie.

Le cultivateur ouvrier vannier d'autrefois est de plus en plus rare ; il est remplacé aujourd'hui par l'ouvrier vannier, qui, sous l'habile direction des anciens élèves de Fayl-Billot, confectionne des objets artistiques comme ceux que nous avons pu remarquer au ministère du Commerce Français à l'Exposition de Turin, objets qui peuvent supporter toute comparaison avec ceux des autres industries françaises.

M. G. de la Barre est un philanthrope qui a rendu de grands services à l'Agriculture et à l'Industrie Française, particulièrement à la corporation si digne d'intérêt des ouvriers vanniers.

M. de la Barre ajoute un nouveau *grand prix* à ceux obtenus dans les expositions précédentes (Londres-Bruxelles-Milan).

Ministère de l'Agriculture, Paris.

L'exposition la plus remarquée fut sans contredit celle du Ministère de l'Agriculture.

L'étude du sol au point de vue de l'hydraulique et des améliorations agricoles y était amplement représentée par des plans de constructions et de travaux de tous genres. Le Jury a été frappé par les études remarquables imposées par les nouvelles exigences hygiéniques et sociales pour la transformation d'une grande partie des anciennes habitations rurales destinées à recevoir et à loger les travailleurs de la terre.

Les projets et les monographies sur les administrations rurales offraient un grand intérêt surtout pour ce qui se rapporte spécialement à l'économie rurale des terrains destinés à l'élevage, pour la protection et la manipulation des produits, pour les canalisations d'eau potable ou d'irrigation, et pour l'assainissement des terrains.

Mais ce qui a soulevé à Turin comme partout ailleurs le plus grand mouvement de curiosité et d'admiration, c'était le plan d'une ferme modèle. Une telle exposition était intéressante tant au point de vue des indications qui peuvent en résulter pour l'habitation du cultivateur que pour le logement des animaux.

Aux précédentes expositions : Paris 1900, Milan 1906, Londres 1908, Bruxelles 1910, le Ministère avait obtenu des grands prix.

Le Jury lui a décerné d'enthousiasme un *Grand Prix*.

J'éprouve un certain sentiment de fierté à constater que cette fois encore la France tient le record du succès, ce qui consacre la place prépondérante que nos nationaux ont su prendre dans ce grand concours.

La fermeture de l'Exposition devait avoir lieu les premiers jours de novembre ; mais, cédant aux instances des Italiens demandant à prolonger la durée de l'Exposition en raison de l'affluence des visiteurs, le commissariat général a accédé à leur désir et la fermeture a eu lieu le 19 novembre.

CONCLUSION.

Depuis la fondation du royaume d'Italie, le commerce franco-italien a subi de grandes oscillations. Les échanges entre les deux nations latines ont été beaucoup plus grands qu'ils ne le sont aujourd'hui ; le chiffre des importations d'Italie en France oscille aux environs de 190.000.000 tandis que nous exportons pour 300.000.000. Actuellement, dans les statistiques Italiennes, la France occupe sur le marché Italien le quatrième rang et sa part dans le commerce de l'Italie est de 10 %.

Ce chiffre a cependant déjà été dépassé et nos efforts doivent tendre à étudier plus attentivement les besoins du marché Italien.

Enfin, en terminant, j'adresse un souvenir sympathique à cette *belle* terre italienne que nous aimons tant pour sa *belle* nature, sa population enthousiaste, ses souvenirs historiques et ses trésors artistiques.

TABLE DES MATIÈRES

	Pages
Rapport de M. le Dr Bousquet (Classe 90 — A et B)	1
Introduction	5

Chapitre premier.
Produits agricoles alimentaires d'origine végétale......... 15

Chapitre II.
Plantes aromatiques, médicinales, pharmaceutiques....... 43

Chapitre III.
Plantes industrielles diverses........................... 69

Rapport de M. Artus (Classe 102 B)...................... 79

Rapport de M. le Dr Thouvenin (Classe 86)............... 85
    Introduction.. 87
    Météorologie....................................... 89
    Géologie agricole................................... 90
    Conclusion.. 92

IMPRIMERIE ET LITHOGRAPHIE LUCIEN DECLUME, LONS-LE-SAUNIER.

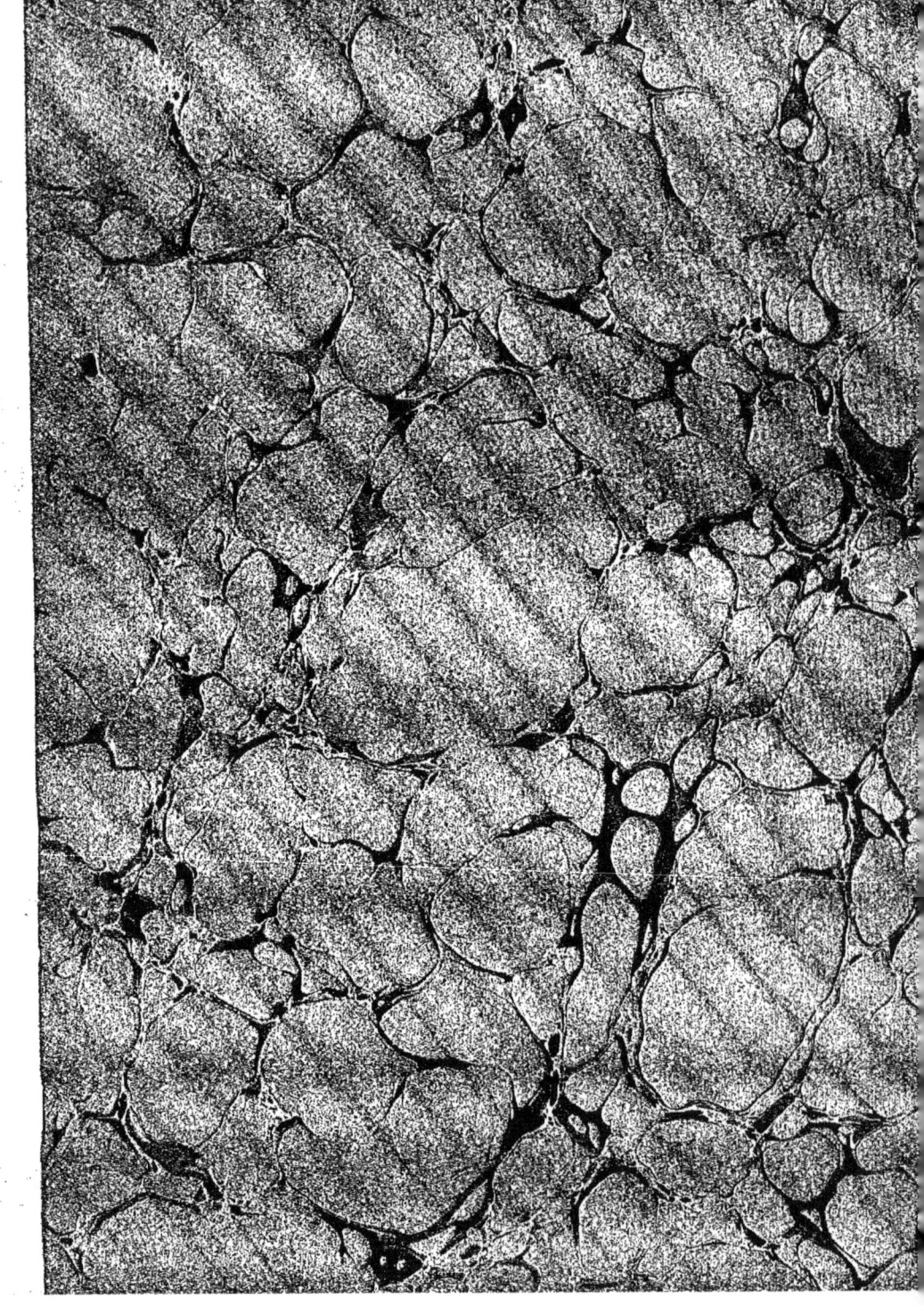

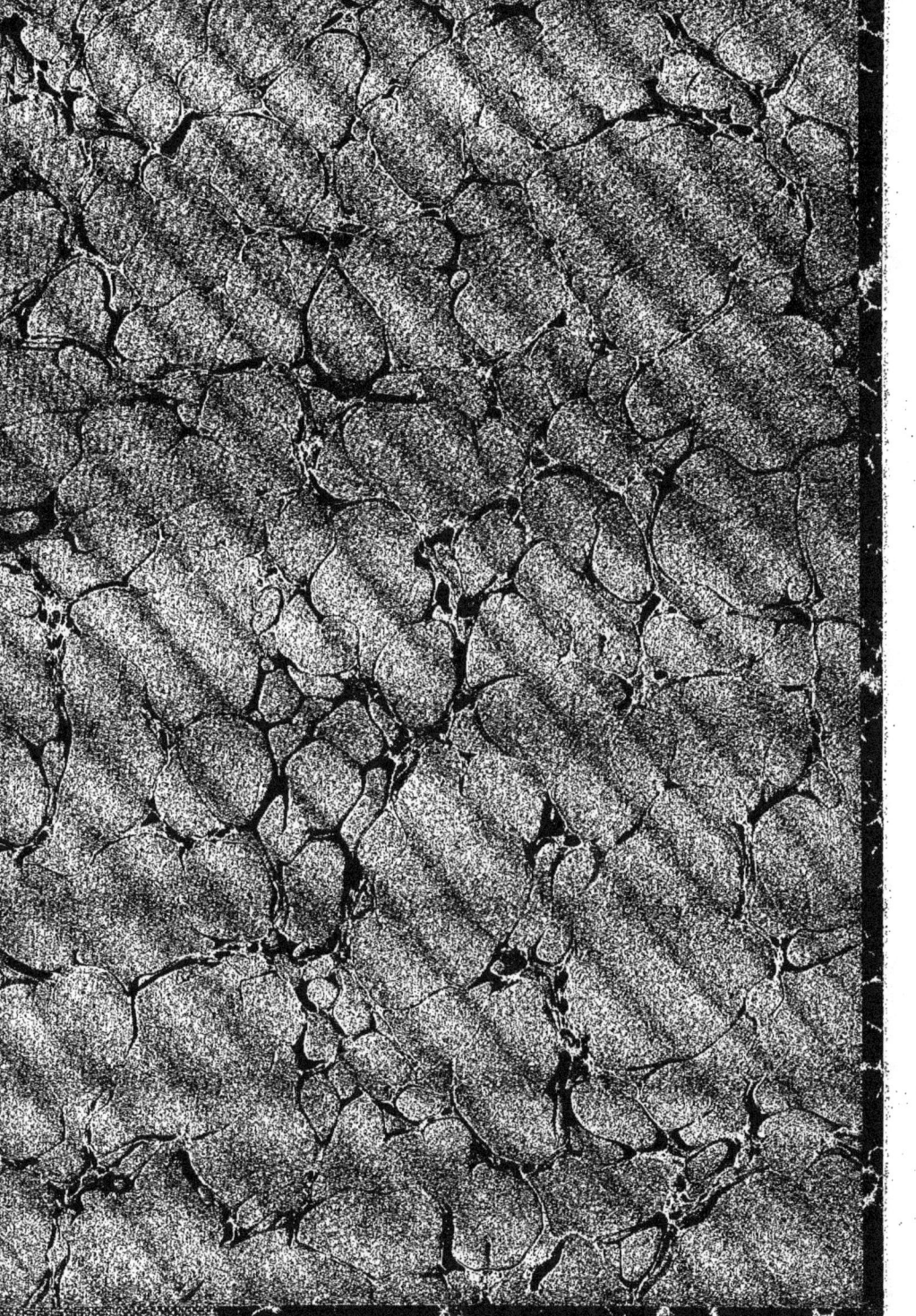

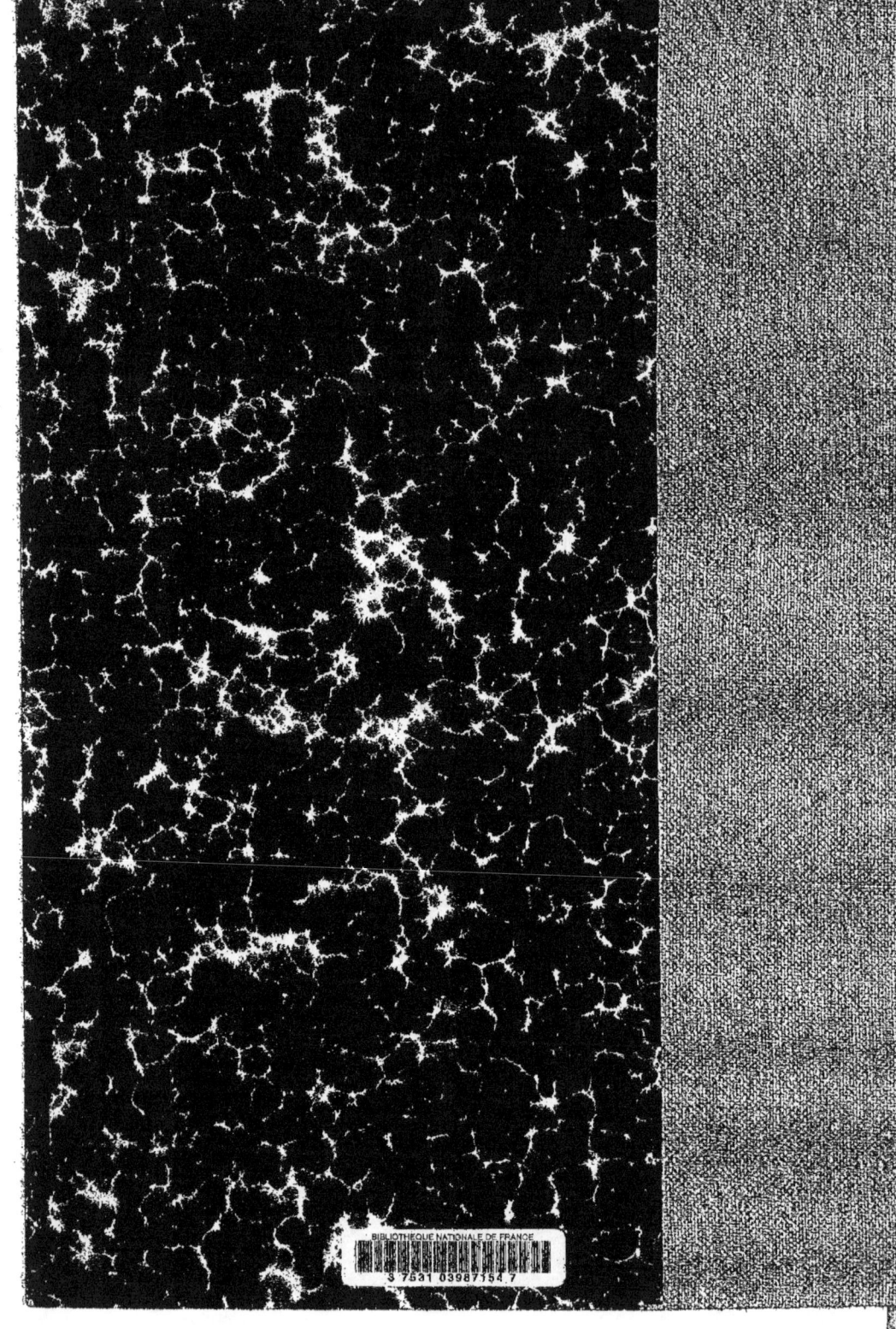

www.ingramcontent.com/pod-product-compliance
Lightning Source LLC
Chambersburg PA
CBHW060202100426
42744CB00007B/1140